L'IMPASSE

DU MÊME AUTEUR

Trump, Poutine, Orban, Salvini, le Brexit… Une chance pour l'Europe !, Les Petits Matins, 2019.

La France ne sera plus jamais une grande puissance ? Tant mieux, La Découverte, 2015.

Marre de cette Europe-là ? Moi aussi… Conversations avec Régis Meyran, Textuel, 2015.

Made in Germany. Le modèle allemand au-delà des mythes, Seuil, 2013.

La France d'après. Rebondir après la crise, Les Petits Matins, 2013.

Sommes-nous des paresseux ? Et 30 autres questions sur la France et les Français, Seuil, 2008.

Le libéralisme n'a pas d'avenir. Big business, marché et démocratie, La Découverte, 2003.

L'entreprise efficace à l'heure de Swatch et McDonald's. La seconde vie du taylorisme, La Découverte, 1998.

Guillaume Duval

L'IMPASSE

Comment Macron nous mène dans le mur

Éditions Les Liens qui libèrent

ISBN : 979-10-209-1001-1

INTRODUCTION
Comment en est-on arrivé là ?

Je suis effrayé par la profondeur de la défiance à l'égard des institutions que traduisent l'abstention massive ou encore la suspicion au sujet des vaccins. Parallèlement, la montée des thématiques de la droite extrême semble irrésistible. Comme dans les années 1920 et 1930 du siècle précédent, le phénomène est certes général dans les pays développés, mais, en Europe occidentale, c'est cette fois chez nous, en France, que le risque d'un basculement autoritaire semble le plus grand. Cette crise de la société française vient de loin mais, sur la dernière période, les erreurs d'Emmanuel Macron l'ont beaucoup accélérée.

Mais avant d'aller plus loin à ce sujet, quelques mots pour vous permettre de mieux situer « d'où je parle »[1].

1. Je me suis présenté ici comme ancien rédacteur en chef du mensuel Alternatives économiques. Cet ouvrage se nourrit en effet

Cela va faire bientôt un demi-siècle que je me suis engagé comme citoyen dans la vie politique française. Je l'ai toujours été au sein de ce qu'on appelle la « gauche de gouvernement », social-démocrate et écologiste. Contrairement à beaucoup de ceux de ma génération, je n'ai jamais appartenu en effet à aucun des groupes d'inspiration léniniste qui ont joué un rôle significatif durant cette période. Je m'étais décarcassé pour faire élire François Mitterrand en 1974 et 1981, j'ai soutenu activement Lionel Jospin et son gouvernement en 1997, j'ai appuyé François Hollande en 2012… J'ai toujours œuvré en faveur d'un réformisme progressif et démocratique tout en voulant que celui-ci soit ambitieux en matière de justice sociale, de libertés et de transformation écologique de nos modes de consommation et de production. La politique que mène Emmanuel Macron depuis 2017, avec l'aide de beaucoup d'ex-socialistes, se situe donc aux antipodes de tout ce pour quoi je me suis battu depuis 50 ans. Son avènement marque mon échec et celui de toute une génération de militants qui s'étaient engagés dans les années 1970 afin de « changer la vie ». C'est pour décrypter les raisons de cet échec, principalement à l'adresse des jeunes générations, et contribuer à le conjurer que j'ai souhaité écrire ce livre.

Pour éviter le pire et reconstruire une alternative, il faut en effet commencer par comprendre précisément

largement de l'expérience que j'ai pu acquérir au sein de la coopérative Alternatives économiques entre 1995 et 2020. Pour autant il n'engage en aucune façon cette institution pas plus qu'aucune autre : ce livre ne reflète que des opinions personnelles.

ce qui a mené ce pays dans une telle impasse. C'est l'objet de cet ouvrage de montrer les effets délétères de la dynamique de long terme dans laquelle s'inscrit l'action d'un Emmanuel Macron, poursuivant et accentuant l'œuvre de ses prédécesseurs. La politique qu'il met en œuvre non seulement ne peut pas sortir le pays d'affaire, mais elle contribue activement à le mener dans le mur.

Comment en est-on arrivé là ? Il existe bien sûr à cette dérive des raisons générales valables ailleurs. On doit les chercher notamment du côté d'une mondialisation dérégulée qui favorise le dumping fiscal et social et la destruction de l'environnement. Ces causes externes sont connues et documentées de longue date (voir notamment p. 4).

J'ai voulu insister ici surtout sur les raisons plus franco-françaises qui expliquent à mon sens la gravité particulière de la situation dans l'Hexagone. Elles tiennent pour l'essentiel au rôle très spécifique de la haute fonction publique qui structure de longue date nos élites politiques et économiques. Cette aristocratie d'État est elle-même produite par un système qui entretient la reproduction sociale en son sein.

Cette particularité est liée au poids, exceptionnel en France, d'un appareil d'État doté de pouvoirs étendus mais aussi conçu pour ne pas avoir réellement de comptes à rendre aux Français : en France l'État avec un grand E se situe depuis l'origine en dehors et au-dessus de la société afin de la modeler selon les volontés du Prince. Un travers réactivé au cours des dernières décennies par la Constitution fort peu démocratique de la cinquième République. Le tout dans une société qui, malgré son passé révolutionnaire et la devise qui orne les frontons de ses mairies, reste elle-même très marquée par un goût prononcé pour l'inégalité, l'élitisme et la compétition.

Cette aristocratie d'État endogamique domine depuis longtemps tout le spectre des partis de gouvernement. Elle s'est emparée en particulier sans grande difficulté des manettes d'un Parti socialiste qui s'est coulé dans les institutions très monarchiques de la cinquième République. Il faut dire que l'ancrage populaire de ce parti a de tout temps été beaucoup plus limité que celui de ses homologues européens.

On a pu ainsi observer la montée en puissance au sein de ce parti, dominant à gauche durant toute cette période, d'une part, de l'énarchie et, d'autre part, de ce qu'il est convenu d'appeler le social-libéralisme, le premier mouvement venant conforter le second. Ce qui avait été naguère un parti populaire, à défaut d'avoir jamais été vraiment un parti ouvrier, est devenu progressivement un parti de cadres animé quasi exclusivement par des hauts fonctionnaires issus de l'ENA. La présidence de François Hollande, avec la fameuse promotion Voltaire et dans son entourage direct un certain Emmanuel Macron, a été l'aboutissement, le sommet de cette évolution. Avant de devenir le prélude à l'implosion du PS.

La gauche sociale-libérale et la droite de gouvernement, dominées toutes deux par cette aristocratie d'État, ont mené pour l'essentiel depuis quarante ans des politiques de plus en plus convergentes en matière économique et sociale. Même si certains épisodes les ont divisées nettement, comme le passage aux 35 heures sous Lionel Jospin et la hausse des impôts progressifs au début du mandat de François Hollande. Je reviendrai de manière plus précise sur ces deux moments, parce que ce sont des sujets emblématiques sur lesquels Emmanuel Macron a choisi justement de rompre avec la gauche dont il est issu.

La droite de gouvernement et la gauche sociale-libérale ont donc conduit en alternance le pays dans le mur. Cela résulte d'abord de leur mépris commun pour les classes populaires. Toutes deux considèrent en effet que c'est la paresse supposée, le coût du travail trop élevé, les droits sociaux trop importants et la protection sociale trop étendue des salariés ordinaires qui sont à l'origine de nos difficultés économiques persistantes. Elles ont en conséquence cherché à dégrader leurs conditions d'emploi sans rien tenter de significatif pour limiter la ségrégation territoriale, combattre les discriminations ou lutter contre les inégalités face à la santé ou à l'école. Dans ces conditions, il n'est guère surprenant que les couches populaires, qu'elles soient ou non d'origine immigrée, ne veuillent plus entendre parler ni des uns ni des autres.

Mais le diagnostic de nos difficultés établi par la gauche sociale-libérale et la droite de gouvernement est erroné et les remèdes proposés contreproductifs. Cela résulte de l'incompréhension par l'aristocratie d'État des dynamiques macroéconomiques, de sa méconnaissance des ressorts réels de l'économie de marché et de l'inadaptation de son habitus élitiste franco-français au contexte de la mondialisation. Mais, à l'instar d'Emmanuel Macron, ces hauts fonctionnaires sont persuadés d'être plus intelligents que tout le monde et de mieux savoir que le peuple ce qui est bon pour le pays. C'est pourquoi leurs échecs répétés ne les amènent guère à réviser leurs convictions.

De par son parcours et son action, Emmanuel Macron incarne comme aucun de ses prédécesseurs cette convergence entre gauche sociale-libérale et droite de gouvernement qu'il a désormais rassemblées en une seule force politique. Face à leurs échecs économiques, sociaux et politiques communs depuis quarante ans, la réponse qu'apporte Emmanuel Macron peut se résumer ainsi : si nous avons échoué, ce n'est pas parce que notre diagnostic est erroné et nos remèdes contre-productifs, c'est parce que nous ne sommes pas encore allés assez loin, assez vite, assez fort dans la voie dont nous savons pertinemment qu'elle est la seule bonne. C'est-à-dire celle de la flexibilisation du marché du marché du travail, du recul de l'action publique, de la réduction de la protection sociale, de l'affaiblissement des droits des salariés...

Il nous faut donc imposer ces « réformes » plus vigoureusement, plus autoritairement si besoin, en passant par-dessus les contraintes de la démocratie parlementaire ou de la négociation avec les partenaires sociaux qui les ralentissent et les affadissent. Il nous faut aussi tenir bon face à la pression de la rue contrairement à tant de gouvernements avant nous, si besoin en réprimant plus durement les oppositions et en limitant leurs possibilités d'expression.

Il n'est pas étonnant dans ces conditions que son action ait suscité un tel rejet, notamment avec le mouvement des Gilets jaunes, la révolte la plus violente que le pays ait connue depuis la Seconde Guerre mondiale, et qu'il ait accéléré à ce point la défiance à l'égard des institutions de la République…

Comment se fait-il que la gauche non sociale-libérale et les écologistes n'arrivent pas à capitaliser eux aussi sur l'exaspération que suscite Emmanuel Macron ? Parce que le discrédit de la gauche de gouvernement est très profond dans les couches populaires. Le Parti socialiste est sorti exsangue de l'épreuve de la présidence Hollande et du départ avec Emmanuel Macron d'une grande partie de ses cadres. Même si trente ans ont passé depuis la chute du Mur, la gauche de la gauche d'inspiration léniniste reste, quant à elle, profondément disqualifiée par l'échec politique, social et économique massif de l'URSS. Quant au caudillisme à la sud-américaine qu'incarne Jean-Luc Mélenchon, malgré son talent oratoire indéniable, la personnalisation excessive de son combat n'est guère de nature à offrir aux démocrates convaincus une alternative crédible au bonapartisme macronien. De leur côté, les écologistes, même s'ils se sont renforcés et ont mûri, restent encore largement incapables de s'adresser aux couches populaires.

Cet ouvrage est d'abord une critique de la politique menée par Emmanuel Macron et l'aristocratie d'État qu'il incarne, mais cette critique dessine aussi en creux les voies et moyens d'une alternative réformiste crédible. J'y reviendrai plus précisément en conclusion. Les élections régionales de juin 2021 l'ont encore montré, la vie politique réserve souvent des surprises et les dynamiques peuvent s'inverser plus rapidement qu'on ne le croit. Avec ce livre j'espère contribuer à accélérer un tel renversement. Bonne lecture.

ERREUR N° 1
« La France a besoin d'un nouveau Bonaparte »

« Il y a dans le processus démocratique et dans son fonctionnement un absent. Dans la politique française, cet absent est la figure du Roi, dont je pense fondamentalement que le peuple français n'a pas voulu la mort. La Terreur a créé un vide émotionnel, imaginaire, collectif : le Roi n'est plus là ! On a essayé ensuite de réinvestir ce vide, d'y placer d'autres figures : ce sont les moments napoléonien et gaulliste, notamment. Le reste du temps, la démocratie française ne remplit pas l'espace. On le voit bien avec l'interrogation permanente sur la figure présidentielle, qui vaut depuis le départ du général de Gaulle. Après lui, la normalisation de la figure présidentielle a réinstallé un siège vide au cœur de la vie politique. Pourtant, ce qu'on attend du président de la République c'est qu'il occupe cette fonction. » Telle est la réponse que donnait en juillet 2015 Emmanuel Macron à Éric Fottorino, qui l'interrogeait sur l'état de notre démocratie pour l'hebdomadaire *Le 1*.

Emmanuel Macron est donc convaincu que la France est au fond un pays resté monarchiste. Pour lui, depuis la chute de la royauté, les grands moments qui ont marqué l'histoire de la République n'ont pas tant été la révolution de 1848, l'affaire Dreyfus, la loi de 1905 sur la laïcité, le Front populaire, la Libération ou encore les évènements de Mai 1968 que l'avènement de Napoléon Bonaparte et la présidence de Charles de Gaulle. Son imaginaire est manifestement celui, certes courant en France depuis deux siècles, d'une mouvance boulangiste à la recherche perpétuelle d'un « Sauveur suprême », capable de sortir le pays de l'ornière par la seule force de sa volonté et de son caractère. Personnage qu'il se pense bien entendu en mesure d'incarner.

Et c'est sans doute un des points qui expliquent le mieux le mépris qu'il manifeste ostensiblement à l'égard de son prédécesseur François Hollande et la désinvolture avec laquelle il a trahi celui qui lui avait pourtant mis le pied à l'étrier sur le terrain politique. Il estime en effet probablement que son échec a tenu pour une part essentielle à sa volonté affichée de se comporter en « président normal » : pour Emmanuel Macron, envisager que le président de la République puisse être considéré comme un citoyen ou une citoyenne comme les autres relève manifestement du crime de lèse-majesté. Du coup, il a, depuis 2017, poussé au contraire à l'extrême la dimension « jupitérienne » de la fonction présidentielle, aggravant les pires travers de la cinquième République.

L'imaginaire bonapartiste n'est pas étranger à la gauche

En se comportant ainsi Emmanuel Macron s'inscrit cependant dans une longue tradition qui n'est pas seulement celle d'une droite française, restée au fond nostalgique de la monarchie. Même si *L'Internationale*, l'hymne de ce qu'on désignait naguère comme le « mouvement ouvrier », écrit par le Français Eugène Pottier, affirme haut et fort qu'*« il n'est pas de sauveur suprême, ni Dieu, ni César, ni tribun »*, la gauche française a toujours été elle aussi très sensible à la tentation bonapartiste.

Si on ne prend pas en compte cet imaginaire, on ne peut pas comprendre en particulier le succès durable et très exceptionnel dans le monde occidental du Parti communiste français durant les « Trente Glorieuses », notamment auprès des intellectuels les plus prestigieux, malgré son culte maladif du chef, son avant-gardisme dictatorial assumé et son soutien enthousiaste et prolongé à l'action de Joseph Staline.

Mais la gauche non communiste n'est pas non plus exempte, loin de là, de cet attrait pour l'« homme providentiel ». De Jean Jaurès à Pierre Mendès France en passant par Michel Rocard ou François Mitterrand, elle a, elle aussi, toujours misé davantage finalement sur des leaders charismatiques, placés à la tête de petites chapelles d'un poids politique propre très limité, que sur la construction de structures collectives solides profondément ancrées dans la société et représentatives des couches populaires, comme cela a pu être le cas dans les pays de tradition sociale-démocrate.

En France partis et syndicats sont quasiment toujours restés, à l'exception de très courtes périodes, des structures faibles rassemblant peu d'adhérents. La conversion express de François Mitterrand, de contempteur du « coup d'État permanent » de Charles de Gaulle en praticien expert de la monarchie républicaine de la cinquième République, illustre ce tropisme.

Après la quasi-disparition du PCF du paysage politique français, la gauche de la gauche s'est d'ailleurs elle-même restructurée ces dernières années autour d'un personnage charismatique, Jean-Luc Mélenchon, issu du Parti socialiste et grand admirateur de François Mitterrand. Il se trouve à la tête d'un mouvement dont la principale caractéristique est d'être de son propre aveu « gazeux ». En termes de dynamique politique et de fonctionnement interne, un parallèle peut à bien des égards être établi entre La République en marche fondée par Emmanuel Macron et La France insoumise de Jean-Luc Mélenchon malgré leur profonde opposition sur le contenu des politiques à mener.

Il n'est donc pas si surprenant que cela finalement que le dernier avatar du bonapartisme en France, et l'un des plus ouvertement assumés, soit lui aussi issu de ce courant politique social-démocrate qu'on pourrait croire pourtant *a priori* immunisé contre cette maladie infantile de la démocratie.

Un appareil d'État en dehors et au-dessus de la société

Facteur aggravant, Emmanuel Macron est aussi et avant tout un énarque et un inspecteur des Finances, le gratin de la haute fonction publique. Il a certes effectué un passage entre 2008 et 2012 dans le secteur privé en tant que banquier d'affaires chez Rothschild, mais plus qu'une activité réellement entrepreneuriale, il s'agit typiquement d'un métier où pantouflent les inspecteurs des Finances pour pouvoir exploiter, en se rémunérant à prix d'or, le carnet d'adresses constitué au sein de l'appareil d'État tant parmi les dirigeants du secteur privé qu'au cœur même de cet État.

Or cette aristocratie d'État est et a toujours été porteuse d'une vision autoritaire, hiérarchique et descendante de l'action publique. Et là aussi cela s'inscrit dans une longue tradition profondément ancrée dans notre histoire. La France a en effet été, avec le Royaume-Uni, un des pays pionniers dans le monde de la construction des États-nations modernes. Et cela notamment grâce à l'action continue d'un appareil d'État puissant.

Celui-ci n'a jamais été conçu pour se mettre au service de la société mais au contraire comme devant se situer à l'extérieur et au-dessus de celle-ci pour la dominer et la modeler selon les vœux du Prince. L'État français avait en effet été porté sur les fonts baptismaux par les rois dans le but de mater leurs nobles et de les priver progressivement de leurs prérogatives. Les révolutionnaires avaient pris la relève. On aurait pu penser que cela allait marquer une césure par rapport à la logique de centralisation antérieure, mais ce ne fut pas le cas : les jacobins l'emportèrent sur les girondins et, dans un contexte de guerre civile et étrangère, ils accentuèrent au contraire la dynamique du renforcement de l'État central.

Les fondations de celui-ci tel qu'il existe encore aujourd'hui furent d'ailleurs posées dans la foulée par un général, Napoléon Bonaparte, qui avait su profiter des désordres de la période révolutionnaire pour imposer sa dictature. Il structura naturellement cet État sur le modèle de l'armée : vertical, hiérarchique, autoritaire, descendant. Pour marquer la coupure entre l'État et le reste de la société et sa position surplombante, on a jugé nécessaire de doter son nom d'une majuscule, on a pris soin de ne pas soumettre son action à la justice ordinaire à laquelle les citoyens normaux doivent rendre des comptes et on a doté ses employés d'un statut distinct de celui des autres salariés.

Cette structure fondamentale de l'appareil d'État ne fut jamais remise en cause par la suite, malgré l'avènement d'une démocratie parlementaire, certes souvent marquée par des gouvernements faibles et instables. Dans les périodes où le parlementarisme s'est imposé, et notamment sous la quatrième République, c'est d'ailleurs cet appareil d'État qui menait véritablement le pays par-delà la valse incessante des gouvernements. Mais par la suite cette conception toute militaire de l'action de l'État central mis en place par Napoléon Bonaparte fut réactualisée par un autre militaire, le général de Gaulle, arrivé au pouvoir en 1958 pour fonder la cinquième République et mettre fin à l'instabilité gouvernementale.

Une aristocratie d'État qui sait mieux que le peuple ce qui est bon pour le pays

Dans cet appareil d'État organisé sur le modèle de l'armée, les généraux, les hauts fonctionnaires qui sont à la tête des différents grands corps de l'État, se sentent investis depuis toujours de la mission de faire le bonheur des Français malgré, ou en tout cas sans, eux au nom d'un intérêt supérieur de la nation qu'ils sont bien entendu seuls à pouvoir correctement interpréter.

Contrairement à leurs homologues américains notamment, ils sont largement à l'abri des effets des alternances politiques grâce à un statut très protecteur. Et ils se jouent aisément des ministres qui sont placés temporairement à la tête de leurs administrations. C'était évidemment le cas en particulier sous la quatrième République, marquée par une instabilité ministérielle permanente. Mais cela le reste très largement aussi sous la cinquième dans la mesure où l'esprit de corps de ces hauts fonctionnaires l'emporte sur leurs inclinations politiques.

Non pas simplement d'ailleurs afin de pouvoir préserver leurs intérêts collectifs de boutique, mais bien parce que, plus fondamentalement, qu'ils s'affichent de droite ou de gauche, ils portent en réalité des projets très proches pour le pays tant ils sont quasiment tous et toutes issus des mêmes milieux sociaux et des mêmes filières de formation. Le personnage le plus emblématique de cette convergence fondamentale est probablement Jean-Pierre Jouyet, inspecteur des Finances, ancien directeur du Trésor, ami personnel de François

Hollande et secrétaire général de l'Élysée durant toute sa présidence tout en ayant été précédemment ministre de Nicolas Sarkozy et en étant marié à l'héritière d'une des plus grandes familles de la bourgeoisie française. Le fait qu'il ait été aussi le principal mentor d'Emmanuel Macron, celui qui lui a permis de brûler pas mal d'étapes dans son parcours ascendant, n'est évidemment pas indifférent pour le sujet qui nous occupe.

Avec Emmanuel Macron, l'aristocratie d'État prend directement le pouvoir

Emmanuel Macron est donc à la fois le produit et l'incarnation de cette aristocratie d'État. Lassée d'agir simplement dans l'ombre des dirigeants politiques, lassée de voir ses élans réformateurs néolibéraux freinés par des politiques trop prudents à ses yeux, avec Emmanuel Macron, elle a profité du délitement des grands partis traditionnels pour prendre le pouvoir directement, par elle-même. En disant cela, il ne s'agit pas de prétendre qu'elle le ferait principalement pour elle-même, pour servir ses propres intérêts : Emmanuel Macron et ses semblables sont à coup sûr profondément convaincus que les idées et les projets qu'ils défendent correspondent à l'intérêt supérieur de la nation.

Simplement ils se trompent complètement à ce sujet, et nous y reviendrons plus longuement par la suite, du fait de leur enfermement sociologique dans des cercles très restreints, du fait de leur absence de liens avec la population « normale », faute d'avoir été élus en particulier, ainsi que, *last but not least*, du fait de leur méconnaissance du fonctionnement réel de l'économie marchande compte tenu de leur ancrage privilégié dans l'appareil d'État. Ce sont, à n'en pas douter, et Emmanuel Macron, le montre quotidiennement, de bons élèves, très agiles intellectuellement mais certainement pas des démocrates : ils considèrent en réalité que les affaires de la nation sont des choses trop sérieuses pour être laissées aux gens ordinaires et que, pour cette raison, eux seuls sont légitimes à diriger le pays.

Mais ils sont aussi persuadés, et la citation d'Emmanuel Macron publiée en ouverture de ce chapitre le montre, que, au fond d'eux-mêmes, les Françaises et les Français ne sont pas non plus réellement des démocrates malgré leur passé révolutionnaire et républicain. Ils considèrent que nos concitoyens savent et admettent que seule une aristocratie formée par les meilleurs élèves, par les plus intelligents, peut légitimement gérer les affaires du pays dans ce monde devenu si complexe. Et ils considèrent que la crise du système politique traditionnel montre que les Français attendent en réalité un nouveau Bonaparte, un nouveau chef capable de les conduire d'une main de fer.

Certes, dans les circonstances présentes, il ne doit plus nécessairement s'agir d'un général d'armée comme Napoléon Bonaparte, Georges Boulanger, Philippe Pétain ou Charles de Gaulle, mais d'un général civil, un chef capable en particulier de sortir le pays de la crise par les mesures énergiques qu'il saura prendre sur le terrain économique et social. Un chef qui, même s'il n'est pas militaire, saura se faire obéir au doigt et à l'œil comme un général et ne pas perdre de temps à écouter les récriminations des uns et des autres et à négocier avec tel ou tel « corps intermédiaire » ou tel ou tel parti.

Et c'est bien ce qu'Emmanuel Macron a constamment voulu incarner dans sa pratique du pouvoir depuis quatre ans. Il n'a jamais réellement cherché en particulier à construire un parti au sens traditionnel du terme. La République En Marche reste très largement une coquille vide, son ancrage territorial reste famélique, elle ne produit aucune réflexion susceptible d'irriguer l'action du gouvernement, son – pléthorique – groupe parlementaire n'a quasiment jamais son mot à dire et s'étiole au fur et à mesure des départs des déçus du macronisme.

Emmanuel Macron contre les corps intermédiaires

Emmanuel Macron n'a jamais cherché non plus à nouer réellement des liens avec les principales forces sociales du pays. Il n'a même pas voulu profiter en particulier des bonnes dispositions initiales à son égard d'une CFDT, devenue le premier syndicat du pays. Mais il n'a pas vraiment cherché non plus à se rapprocher du MEDEF, contrairement à ce qu'on pense souvent. Le mouvement patronal était ainsi, à juste titre, très réticent vis-à-vis de la réforme systémique des retraites qui aurait dû être le grand œuvre social du quinquennat si le COVID-19 n'était pas passé par là.

Là aussi, il est l'héritier d'une longue tradition ancrée dans l'histoire de notre République. Contrairement à ce que beaucoup imaginent, la Révolution française avait été un grand moment de libéralisme économique dans l'histoire du pays. Une des premières et principales actions des révolutionnaires avait consisté en effet à mettre à bas les corporations. Il s'agissait de structures qui, dans chaque profession, géraient la formation aux différents métiers, les normes techniques et les équipements autorisés, le niveau des salaires à verser aux ouvriers, et qui surtout régulaient le droit de créer de nouveaux établissements.

Ces corporations étaient accusées à l'époque de freiner le progrès technique et le dynamisme de l'économie tout en faisant monter les prix aux dépens des consommateurs. Avant la Révolution, les rois avaient tenté de limiter leur pouvoir et de libéraliser l'économie française. Le ministre des Finances Turgot avait essayé en particulier de libéraliser le commerce des grains en 1774. Sans grand succès cependant, et les fortes tensions sociales et politiques qui s'étaient ensuivies n'avaient pas été étrangères à l'avènement de la Révolution française.

Et c'est seulement celle-ci qui, avec la loi dite d'Allarde, adoptée en mars 1791, va réussir à leur porter le coup fatal. Mais les révolutionnaires ne vont pas en rester là. Alarmés par la montée des conflits sociaux dans un contexte de pénurie alimentaire et constatant que les travailleurs, notamment parisiens, commençaient à s'organiser collectivement pour faire pression sur leurs patrons afin d'augmenter les salaires, ils ont adopté en juin de la même année la loi dite Le Chapelier. Celle-ci doit son nom à Isaac René Guy Le Chapelier, avocat et député du tiers état breton. Il fut le premier président du club des Jacobins et présida également l'Assemblée nationale pendant la fameuse nuit du 4 août 1789 qui mit fin aux privilèges féodaux. Il fut aussi un des principaux rédacteurs de la Constitution de 1791. Mais c'est surtout la loi qui porte son nom qui lui assura une postérité durable.

Fidèle aux principes très libéraux qui dominaient à l'époque chez les révolutionnaires français, Le Chapelier n'y allait pas par quatre chemins : *« Il ne doit pas être permis aux citoyens de certaines professions de s'assembler pour leurs prétendus intérêts communs ; il n'y a plus de corporations dans l'État ; il n'y a plus que l'intérêt particulier et l'intérêt général ; il n'est permis à personne d'inspirer aux citoyens un intérêt intermédiaire, de les séparer de la chose publique par un esprit de corporation ; [...] c'est aux conventions libres d'individu à individu à fixer la journée pour chaque ouvrier »*, lançait-il le 14 juin 1791 devant l'Assemblée nationale pour défendre son projet.

En France, on imagine généralement que le libéralisme économique est une invention purement anglo-saxonne alors que de nombreux penseurs français du XVIIIe siècle, à commencer par Jean-Jacques Rousseau et son contrat social, en ont été des précurseurs très actifs. Le philosophe et économiste écossais Adam Smith, qu'on considère généralement comme l'ancêtre de cette école de pensée, était souvent moins dogmatique que ses homologues français sur nombre de sujets...

Toujours est-il donc qu'une des premières et plus structurantes actions des révolutionnaires français issus du club des Jacobins fut non seulement de briser les corporations à l'ancienne, mais aussi d'empêcher la formation de tout ce qui pourrait ressembler au syndicalisme ouvrier et à la négociation collective. Cette rupture initiale est une des principales différences qui caractérise la transition du féodalisme au capitalisme en France par rapport au reste de l'Europe et en particulier aux pays germaniques et nordiques. Ailleurs, en effet, cette transition s'est effectuée progressivement sans qu'on cherche à faire disparaître brutalement les corporations et les pratiques de coopération entre entreprises et de négociations collectives qu'elles impliquaient. Et si aujourd'hui encore ces traditions de négociation et de syndicalisation sont beaucoup plus fortes dans les pays nordiques et germaniques que chez nous, c'est pour une bonne part la trace de cette histoire longue.

En France, le syndicalisme ne se remit jamais vraiment en effet de ce coup d'arrêt initial. Il a fallu attendre presque un siècle pour qu'il retrouve droit de cité. Ce n'est qu'en 1864 que la loi d'Allarde est abrogée et le délit de coalition supprimé et ce n'est qu'en 1884 que les syndicats patronaux comme de salariés sont officiellement pleinement autorisés. Mais les cicatrices de la Révolution sont restées profondes et, en dehors de quelques courtes périodes marquées par des mobilisations exceptionnelles – juin 1936, 1945 et la Libération, mai 1968 –, le syndicalisme n'est jamais devenu un véritable mouvement de masse en France comme il a pu l'être ailleurs et la négociation collective n'a jamais joué un rôle réellement structurant dans la vie économique et sociale française. Cela d'autant plus qu'il s'est divisé rapidement selon des critères idéologiques en un nombre croissant de structures de taille réduite qui mènent bien souvent des combats plus féroces les unes contre les autres que vis-à-vis du patronat.

C'est donc surtout l'État qui a développé progressivement le droit du travail et celui de la protection sociale. Une protection sociale elle-même immédiatement placée bien sûr sous l'étroite tutelle de cet État. Cette faiblesse des corps intermédiaires et de la négociation collective est l'autre face de la nature régulièrement explosive de la vie sociale en France : en l'absence d'outils de régulation du social proches du terrain, la marmite explose régulièrement sous la forme de puissants mouvements sociaux désordonnés.

Vues de loin, ces explosions sociales récurrentes peuvent avoir leur charme : ce sont elles qui contribuent à donner à de nombreux étrangers l'image romantique d'une France éternellement révolutionnaire. Mais ce « stop and go » n'est pas franchement une façon optimale de gérer une société et cette instabilité chronique contribue indéniablement de façon significative aux profondes difficultés économiques et sociales que nous rencontrons depuis plusieurs décennies maintenant.

L'échec de la « social-démocratisation » de la France

Au début des années 2000, suite notamment aux graves divisions engendrées par le passage aux 35 heures via une décision politique, un consensus assez large s'était établi en France pour essayer de sortir de cette situation. Il s'agissait de « social-démocratiser » la société française en renforçant les corps intermédiaires et en donnant une place plus importante au contrat dans la gestion du social par rapport à la loi. Cette tentative fut désignée comme une « refondation sociale », prônée conjointement par le Medef, alors dirigé par Ernest-Antoine Seillière, et la CFDT, alors menée par Nicole Notat. Mais la CGT dirigée par Bernard Thibault n'y était pas vraiment hostile, voyant là un moyen de faire enfin reconnaître son rôle et son poids dans la société. Tandis que la gauche de gouvernement, échaudée par les mésaventures liées aux 35 heures, et la droite de gouvernement, alors dominée par la figure au fond très radicale-socialiste d'un Jacques Chirac, y étaient également favorables.

C'est la droite, au pouvoir durant toute cette période, qui mit en place les conditions de ce qui devait être une révolution pour la France. En janvier 2007 est adoptée la loi dite Larcher, du nom de Gérard Larcher, ministre du Travail à l'époque. Cette loi, calquée sur une disposition du traité européen de Maastricht de 1992, prévoit que, avant de légiférer sur un sujet touchant au droit social, le gouvernement doit obligatoirement donner la priorité à la négociation entre les partenaires sociaux sur ce sujet. Si ces partenaires parviennent à un accord, c'est cet accord qui doit devenir la loi.

Dans la foulée est introduite en 2008 une réforme de la représentativité syndicale suite à une position commune sur ce sujet adoptée par le MEDEF, la CGPME, la CFDT et la CGT. Jusque-là, chaque syndicat, aussi faible soit-il, avait en théorie le droit, moyennant des conditions minimales peu contraignantes, de signer des accords engageant l'ensemble des salariés d'une entreprise, d'une branche professionnelle ou de tout le pays. Une situation ubuesque qui contribuait beaucoup à décrédibiliser la négociation collective. Dorénavant ce droit est soumis à une représentativité sanctionnée par les élections professionnelles qui se tiennent au sein des entreprises: seuls des syndicats représentant au moins 30 % des salariés concernés peuvent signer des accords collectifs et ceux-ci ne sont valables qu'à condition que des syndicats représentant plus de 50 % des salariés ne s'y opposent pas. Un premier pas sur la voie qui doit pousser les syndicats à s'entendre entre eux.

Mais ce processus échouera rapidement. La réforme de 2008 visait notamment à amener la CGT et la CFDT, les deux principaux syndicats français, à se rapprocher pour négocier ensemble avec le patronat. Mais l'affaiblissement de la CGT a fait que la CFDT et ses satellites ont rassemblé un peu plus de 50 % des voix aux élections professionnelles au plan national, faisant échouer ce rapprochement. La CFDT n'a plus eu besoin en effet de s'entendre avec la CGT et a préféré essayer de jouer sa partie en solo avec le patronat et les gouvernements successifs, perpétuant ainsi une division syndicale portée désormais à un paroxysme. Parallèlement, du côté de la CGT, Bernard Thibault ratait sa sortie et ses successeurs, très affaiblis, étaient constamment soumis à une pression croissante des gauchistes au sein de la centrale. Du coup, la CGT a *de facto* renoncé depuis dix ans à participer à la négociation sociale interprofessionnelle.

Tandis que le patronat, satisfait du radicalisme libéral affiché par Nicolas Sarkozy, élu président en 2007, ne voyait plus vraiment l'utilité de négocier péniblement avec les syndicats alors qu'il pouvait obtenir ce qu'il voulait de l'exécutif. De son côté, Nicolas Sarkozy, ex-maire de Neuilly-sur-Seine, marquait une rupture avec le gaullisme social que représentait encore un Jacques Chirac. Il avait également une vision très macronienne, très « jupitérienne » de sa fonction en tant que président de la République, avec son « collaborateur » François Fillon comme Premier ministre. Très rapidement, il s'affranchit des règles du jeu prévues par la loi Larcher, une loi pas véritablement contraignante qui laisse beaucoup d'échappatoires à l'exécutif.

Une fois Nicolas Sarkozy battu en 2012, François Hollande tente bien de relancer la machine contractuelle. En 2013 il fait adopter une loi sur la sécurisation de l'emploi basée sur un accord interprofessionnel conclu fin 2012. Mais rapidement il choisit lui aussi, sous l'impulsion en particulier d'Emmanuel Macron, de s'affranchir de la négociation sociale. Dès début 2014, le « Pacte de responsabilité » censé permettre de rétablir la compétitivité des entreprises, ne fait l'objet d'aucune discussion réelle préalable avec les syndicats de salariés, y compris les plus proches du pouvoir. Quand il entre au gouvernement, Emmanuel Macron s'empresse d'aller plus loin. Il embarque dans la loi qui porte son nom, en théorie consacrée à des sujets non sociaux (il est alors ministre de l'Économie) des dispositions concernant la limitation des indemnités que les salariés peuvent obtenir devant les prud'hommes. Elles sont une véritable provocation à l'égard de tous les syndicats de salariés. Par la suite, le gouvernement de Manuel Valls, qui ne veut pas être en reste vis-à-vis d'Emmanuel Macron, poursuit de plus belle sur cette voie néolibérale et autoritaire avec la loi dite El Khomri. Elle non plus ne fait l'objet d'aucune négociation préalable avec les syndicats de salariés, même si on peut supposer que la coordination a été en revanche étroite avec le Medef…

Dès son arrivée au pouvoir, Emmanuel Macron en remet une grosse louche en ayant recours en septembre 2017 à la technique la plus antidémocratique que permet la Constitution de la cinquième République (elles sont nombreuses) : celle des ordonnances qui permet de se passer de tout débat parlementaire. Il impose en particulier de cette façon un affaiblissement sans guère de précédent de la représentation des salariés dans l'entreprise.

En fait, l'arrivée au pouvoir d'Emmanuel Macron clôt la séquence qui avait vu, pendant une quinzaine d'années, une tentative plus ou moins sincère et assumée de « social-démocratiser » la société française. On place souvent Emmanuel Macron dans la continuité d'un Michel Rocard ou d'un Dominique Strauss-Kahn, mais c'est un contre-sens complet sur ce qu'il incarne : son projet et ses idées sont aux antipodes de la social-démocratie.

Emmanuel Macron revient en réalité aux fondamentaux jacobins et étatistes d'un État français régissant seul le social, en étroite concertation cependant avec un patronat issu lui aussi pour une large part de la haute fonction publique française. Celui-ci n'éprouve du coup plus aucun besoin de négocier avec les syndicats de salariés. Lesdits syndicats de salariés se retrouvent à la fin de cette séquence eux-mêmes plus divisés et affaiblis que jamais. Y compris la CFDT et les syndicats dits réformistes qui, dans un tel contexte, perdent eux aussi toute réelle utilité, en tout cas au niveau national et interprofessionnel.

Le choc des « Gilets jaunes » et les faux semblants du « grand débat national »

En matière sociale, c'est cependant probablement la gestion du mouvement des Gilets jaunes qui illustre le mieux le caractère profondément bonapartiste de la pensée et de l'action d'Emmanuel Macron. En bon inspecteur des Finances qui se respecte, il n'avait rien vu venir du choc formidable qu'il avait créé au sein de la société française en augmentant le prix de l'essence en même temps qu'il supprimait l'impôt de solidarité sur la fortune (ISF) et réduisait fortement l'imposition des revenus du capital. Il s'ensuivit plusieurs mois de désordres d'une ampleur et d'une nature exceptionnelles : il avait mené le pays au bord de la guerre civile.

Pour s'en sortir, il proposa début 2019 un Grand Débat national : on met tout sur la table et on discute. Bonne idée dans un tel contexte, et nombre d'acteurs ont joué le jeu sans arrière-pensées sur tout le territoire en écrivant de nombreux « cahiers de doléances » modernes qui multipliaient les propositions de réformes. Simplement, Emmanuel Macron n'en avait en réalité pas grand chose à faire : il avait juste inventé ce Grand Débat pour calmer le jeu et gagner du temps à un moment où il avait manifestement perdu la main. Pas question en particulier de laisser à cette occasion une véritable dynamique démocratique se mettre en route qui aurait pu lui échapper : Chantal Jouanno et la Commission nationale du Débat public (CNDP), dont cela aurait été le rôle *a priori*, jugées trop indépendantes du pouvoir exécutif, sont écartées sans ménagement de l'organisation de ce débat.

Résultat : des dizaines de milliers de personnes se sont réunies, ont produit des propositions, mais personne n'en a rien fait et rien n'est sorti de ce Grand Débat national. Didier Le Bret a lancé d'ailleurs à ce sujet une pétition en 2020 pour essayer de récupérer et de rendre publiques les doléances collectées à cette occasion…

En lieu et place d'un véritable débat démocratique, Emmanuel Macron a transformé l'exercice en un vaste *one-man show* qui l'a amené en quelques semaines dans onze localités pour y tenir des discours fleuves devant des audiences choisies. Cela lui a certes probablement été profitable en accroissant sa connaissance très insuffisante du pays qu'il dirige, et personne ne contestera que l'acteur formé par Brigitte Trogneux joint à la remarquable machine intellectuelle Macron ont été très « bons » dans cette performance artistique. Mais cette manière de concevoir le « débat » traduit bien l'esprit profondément bonapartiste qui anime notre président : pour Emmanuel Macron, la présidence de la République c'est la confrontation directe d'un homme avec son peuple. Et le débat avec ce peuple ne se conçoit que sur le mode des questions-réponses : les citoyens posent les questions (de préférence triées au préalable) et c'est le président qui apporte les réponses.

Les Français n'attendent pas un nouveau Bonaparte

En concevant de façon si caricaturale son rôle, Emmanuel Macron est non seulement persuadé que cela correspond à son génie propre et à celui de l'aristocratie d'État dont il est issu, mais il pense aussi qu'il rencontre ainsi les attentes réelles des Françaises et des Français. Là-dessus il se trompe profondément.

La tentation autoritaire est bien entendu présente dans la société française comme dans toutes les autres, notamment dans des moments de crise aiguë comme ceux que nous traversons aujourd'hui, à la fois sur le plan économique et social, mais aussi plus profondément sur le plan identitaire et culturel. Et dans le cas de la France, cette crise est plus accentuée encore que dans la plupart des autres pays développés (à l'exception sans doute du Royaume-Uni) du fait du sentiment de « déclin » qui marque tant le pays depuis la perte de son empire colonial[1].

Mais pour autant les Français n'attendent pas vraiment, plus vraiment, un sauveur suprême. Emmanuel Macron se trompe à ce sujet parce qu'il n'a pas compris la profonde transformation qu'a subie la société française au cours des quarante dernières années. Il n'a pas compris à quel point la société française d'aujourd'hui n'a strictement rien à voir avec celle qui fêtait Napoléon Bonaparte, qui appelait Georges Boulanger au pouvoir, qui était soulagée de voir Philippe Pétain prendre en main son destin, ni même avec celle qui acclamait Charles de Gaulle en 1958.

La France a longtemps été en effet un des pays d'Europe occidentale les plus arriérés en matière d'éducation. Notamment vis-à-vis de l'Europe germanique et nordique, protestante, où l'illettrisme avait été éradiqué très tôt. Et ce sont souvent ces Français encore peu

1. Voir à ce sujet Guillaume Duval, *La France ne sera plus jamais une grande puissance ? Tant mieux !*, éditions La Découverte, 2015.

éduqués qui étaient les plus tentés de se réfugier sous les ailes de ces généraux pour remettre leur sort et celui du pays entre leurs mains. Mais, au cours des dernières décennies, la situation a radicalement changé : la France est le pays de l'OCDE où le niveau d'éducation a le plus augmenté depuis les années 1970. Au point qu'aujourd'hui les Français et les Françaises ont en moyenne un niveau d'éducation initiale plus élevé que nos voisins allemands, ce qui, jusque-là n'était absolument pas le cas. Cette hausse massive du niveau d'éducation a été mal gérée à de nombreux égards, et nous y reviendrons (voir p. 38), mais il n'empêche : elle a eu lieu.

Et ces Françaises et ces Français beaucoup plus éduqués que leurs parents veulent désormais avoir leur mot à dire. La demande d'une démocratie « en continu », réellement participative, ne relève pas simplement d'une mode ou d'un gadget, c'est une tendance structurelle profonde qui résulte et accompagne ce mouvement d'élévation massive du niveau d'éducation de la population. Et la crise des partis traditionnels n'est pas tant le signe d'une demande de bonapartisme déresponsabilisant que celui d'une demande de participation effective que, pris dans leurs vieilles habitudes, ils ne parviennent pas à satisfaire. Durant sa campagne de 2017, Emmanuel Macron avait pu donner à croire à certains moments qu'il avait compris cette nouvelle donne, notamment en mettant en scène une construction ascendante de son programme basée sur une consultation de la population via des porte-à-porte massifs. Mais, dès sa victoire, la logique bonapartiste impliquée par son élitisme aristocratique l'a emporté.

Ce retournement autoritaire, cette incapacité à renouveler et revivifier la démocratie dans ce pays est au cœur de la difficulté politique qu'il rencontre : malgré quatre années au pouvoir, avec les moyens correspondants, malgré les débauchages massifs (beaucoup plus à droite qu'à gauche cependant), il n'est pas parvenu à élargir significativement son assise politique et reste très minoritaire dans le pays. Il suscite de plus désormais une détestation très forte dans une partie importante de l'opinion, notamment dans les couches populaires qu'il a régulièrement injuriées.

Il n'en a manifestement pas conclu cependant que son bonapartisme était profondément anachronique et dépassé dans la France d'aujourd'hui. Il en a plutôt déduit au contraire qu'il n'en avait pas fait assez et qu'il fallait radicaliser encore son autoritarisme jupitérien. C'est en particulier ce que signale sa gestion, proprement surréaliste sur le plan démocratique, de l'épidémie de COVID-19 : la concentration des pouvoirs, l'absence de tout contrôle démocratique, maladies chroniques de la cinquième République, n'avaient jamais atteint le paroxysme qu'on a pu constater depuis le printemps 2020.

Le tout accompagné d'un vocabulaire de plus en plus martial : Emmanuel Macron n'arrête pas de « partir en guerre », contre le COVID-19, contre la drogue, contre l'insécurité, contre l'islamo-gauchisme… Au point que nombre de ces adversaires, inquiets de la tournure que prennent les évènements sur le plan des libertés et de la démocratie, se demandent désormais si le macronisme n'est pas en train de se transformer sous nos yeux en une sorte de trumpisme ou d'orbanisme à la française. La question mérite d'être posée.

Cette radicalisation autoritaire paraît en tout cas en décalage croissant avec l'état d'esprit de la grande majorité de nos concitoyens et concitoyennes. Ils veulent au contraire en finir avec cette conception archaïque non seulement de nos institutions politiques mais aussi du management des entreprises resté lui aussi trop vertical dans notre pays. Ce mode de fonctionnement de nos élites politiques, administratives et économiques constitue en réalité un des principaux handicaps de la France sur le plan économique, et nous y reviendrons. Mais évidemment on ne peut guère compter pour y remédier sur un Emmanuel Macron, persuadé de sa propre supériorité comme de celle de cette aristocratie républicaine…

ERREUR N° 2
« Il faut baisser les dépenses publiques »

Bien que venu de la « gauche », Emmanuel Macron s'inscrit pleinement dans la lignée de toutes celles et tous ceux qui, en France comme ailleurs, sautent en permanence comme des cabris depuis cinquante ans en martelant à chaque occasion que les dépenses publiques sont trop élevées et qu'il faut absolument les réduire. Un contresens total sur la nature des difficultés que rencontre le pays.

Au moment où Joe Biden aux États-Unis enterre sans doute définitivement, pour ce qui concerne le monde anglo-saxon, ce refrain hérité de Ronald Reagan et Margaret Thatcher, Emmanuel Macron continue en effet, quant à lui, de s'y accrocher. La crise déclenchée par l'épidémie de COVID-19 l'a certes amené à laisser filer les dépenses publiques, comme tous les dirigeants des pays développés, mais à peine le bout du tunnel semble-t-il être en vue qu'il recommence déjà à vouloir limiter l'indemnisation du chômage, réduire les dépenses de retraites... C'est une de ses caractéristiques principales: bien qu'il soit le plus jeune président que la République française ait jamais eu (si on met de côté l'épisode du Premier Consul du 18 brumaire de la première République, voir le chapitre précédent), Emmanuel Macron est en réalité faussement moderne et très représentatif de la tendance classique des élites françaises à vouloir copier avec quelques décennies de retard les modes anglo-saxonnes.

La crise du COVID-19 a amplement montré, en France comme ailleurs, l'importance et l'urgence de cette action publique et les conséquences négatives des politiques qui ont cherché à limiter les dépenses dans le domaine de la santé au cours des dernières décennies. Pourtant, c'est dans ce contexte qu'Emmanuel Macron n'a rien trouvé de mieux à faire que de commander un rapport sur l'avenir des finances publiques françaises à Jean Arthuis, un représentant archétypal de la vieille droite la plus conservatrice implantée sur les terres chouannes de Mayenne, ministre des Finances d'Alain Juppé et Jacques Chirac. La principale recommandation de ce rapport a évidemment été, sans surprise, d'inscrire dans la Constitution une limitation des dépenses publiques[1].

1. Voir Commission sur l'avenir des finances publiques | Vie publique. fr (vie-publique.fr).

Emmanuel Macron étatiste ET néolibéral

Mais avant de revenir sur le fond de l'affaire et les raisons pour lesquelles ce discours est faux et les politiques qu'il inspire sont non seulement inefficaces mais nuisibles, il nous faut éclaircir une contradiction apparente. Dans le premier chapitre de ce livre, nous avons souligné combien Emmanuel Macron s'inscrivait pleinement dans une tradition étatiste et autoritaire présente de longue date en France. Alors que dans ce second chapitre nous voulons souligner combien il s'inscrit dans une autre tradition, plus récente et importée du monde anglo-saxon, celle du néolibéralisme, dont l'une des principales caractéristiques est au contraire l'antiétatisme et l'apologie du laisser-faire en matière économique et sociale. Ne s'agit-il pas là d'une contradiction insurmontable ?

En apparence, oui ; en réalité, il n'en est rien. L'économie de marché n'a rien de « naturel », c'est toujours et partout une économie instituée et strictement régulée par des États. Et sans une telle régulation aucune économie ne fonctionnerait : la loi de la jungle interdirait en particulier tout investissement significatif faute de visibilité à moyen terme sur les conditions économiques et sociales qui prévaudront à l'avenir. Et c'est notamment de ce déficit d'encadrement public stable, garantissant des conditions prévisibles d'exercice de l'activité économique, dont souffrent avant tout la plupart des pays pauvres dont l'économie peine à décoller. Bien davantage que du manque d'esprit entrepreneurial.

La vague dite « néolibérale » qui a déferlé sur les pays développés depuis la fin des années 1970, avec

Ronald Reagan aux États-Unis et Margaret Thatcher au Royaume-Uni, a été en réalité, et paradoxalement, le fruit d'un étatisme assumé et agressif. Elle a pris la forme partout d'un changement continu et massif du cadre législatif et réglementaire doublé, quand il rencontrait des résistances trop fortes, d'une action répressive déterminée, comme cela a pu être le cas en particulier au Royaume-Uni avec la répression violente de la grève des mineurs de charbon en 1984. Ce n'est évidemment pas un hasard si les néolibéraux les plus emblématiques, comme le prix «Nobel» d'économie Milton Friedman, considèrent que l'expérience la plus achevée de la mise en œuvre de leurs thèses a été le fait de la dictature du général Augusto Pinochet, mise en place au Chili après le renversement par une junte militaire du président socialiste Salvador Allende en 1973.

En réalité, partout et toujours, les néolibéraux les plus convaincus et les plus déterminés ont été des universitaires, des politiques et des hauts fonctionnaires. Autrement dit, des gens qui n'avaient le plus souvent, comme Emmanuel Macron, que très peu de connaissance réelle et de pratique de l'activité économique privée dans une économie de marché. Les vrais entrepreneurs qui ont les mains dans le cambouis savent bien que la réalité est beaucoup plus complexe que les schémas simplistes des intellectuels néolibéraux, qu'il faut des subventions, de l'école et de la santé publics, de la solidarité sociale pour que leur activité fonctionne et que leurs pertes puissent être socialisées.

Les seuls autres acteurs privés qui aient véritablement, à court terme du moins, des intérêts convergents avec les idéologues néolibéraux, ce sont les acteurs de la finance mondialisée qui vivent dans l'illusion que leur activité peut se passer de tout ancrage territorial réel. Cela tombe bien, en France du moins, les dirigeants du secteur sont quasiment tous eux-mêmes des anciens hauts fonctionnaires, à l'image par exemple d'un Michel Pébereau, ancien dirigeant de BNP Paribas, et l'un des chantres les plus virulents du néolibéralisme en France pendant plusieurs décennies.

Depuis quarante ans, le noyau dur du néolibéralisme en France est donc constitué de cette alliance des énarques de l'Inspection des Finances et de la direction du Trésor, les camarades d'école d'Emmanuel Macron, d'académiques spécialistes d'une économie mathématisée et coupée du réel, dont la figure la plus connue est le prix « Nobel » d'économie Jean Tirole, et de dirigeants de la finance, eux-mêmes issus le plus souvent de cette même haute fonction publique.

Depuis quarante ans, ces hauts fonctionnaires néolibéraux trépignent et sont dans les starting-blocks pour « rattraper » les Anglo-Saxons qui ont « pris de l'avance » avec Ronald Reagan et Margaret Thatcher. Paradoxalement, c'est surtout grâce à la gauche qu'ils vont pouvoir avancer leurs billes à différentes reprises. D'abord avec le « tournant de la rigueur » de 1983, qui va permettre de placer la lutte contre l'inflation au cœur de la politique économique du gouvernement avec notamment l'arrivée de Pierre Bérégovoy au ministère de l'Économie et des Finances, où il va rester pendant le second septennat de François Mitterrand. Puis ensuite sous François Hollande, grâce notamment à Emmanuel

Macron, d'abord comme secrétaire général adjoint de l'Élysée puis comme ministre de l'Économie.

Le fait que la gauche ait fait finalement davantage progresser l'agenda néolibéral en France que la droite n'est paradoxal qu'en apparence. La gauche est en effet toujours soupçonnée *a priori* de ne pas être « sérieuse » et « crédible » sur le plan économique. Elle est donc poussée à en faire plus que la droite pour prouver à ses détracteurs que ce n'est pas le cas, surtout quand, dans des situations économiques tendues, son État est suspendu au jugement des acteurs des marchés financiers, qui sont rarement de « gauche », pour financer la dette publique. Et aussi quand ses dirigeants ne sont pas issus du sérail, comme c'était le cas notamment de Pierre Bérégovoy, ajusteur de formation, créant ainsi un besoin supplémentaire de reconnaissance par les milieux d'affaires et de la finance.

De plus, la gauche, de par ses liens historiques avec le mouvement syndical, est *a priori* mieux placée que la droite pour limiter les réactions hostiles et la contestation ouverte contre les réformes néolibérales, même si cet effet s'est affaibli au cours du temps. Les réformes engagées sous la présidence de François Hollande, inspirées en particulier par Emmanuel Macron, comme la loi travail dite El Khomri, ont en effet suscité des réactions très vives et une puissante mobilisation sociale. Contribuant ainsi de façon notable à empêcher François Hollande de se représenter.

En dehors de l'exception de la candidature de Jacques Chirac à l'élection présidentielle de 1995, la droite arrive, quant à elle, toujours au pouvoir depuis quarante ans en montant sur ses grands chevaux néolibéraux. Mais elle réalise finalement assez peu ce programme quand elle est aux affaires. D'abord parce qu'une part essentielle de sa clientèle traditionnelle – les médecins, les agriculteurs, les personnes âgées, les territoires ruraux – dépendent en réalité très étroitement de la dépense publique. Ensuite parce que, quand elle veut vraiment mettre en œuvre son programme néolibéral, elle suscite des réactions plus violentes que la gauche, comme le Premier ministre Alain Juppé l'avait constaté à ses dépens en 1995 avec sa réforme de l'assurance maladie, ou encore son collègue Dominique de Villepin en 2006 avec le contrat première embauche.

Il n'est donc pas si surprenant que cela finalement que la part des profits dans la valeur ajoutée des entreprises ait fondu comme neige au soleil sous Jacques Chirac et Valéry Giscard d'Estaing dans les années 1970 avant de se regonfler prestement sous François Mitterrand dans les années 1980. Ce paradoxe d'une gauche finalement plus efficace que la droite pour faire passer le néolibéralisme en douceur se retrouve d'ailleurs aussi à l'étranger, l'illustration la plus caricaturale en ayant été l'action du chancelier social-démocrate allemand Gerhard Schröder, qui avait largement remis en cause le modèle social du pays au tournant des années 2000[1]. Mais le président démocrate américain Bill Clinton est aussi responsable dans les années 1990 de la dérégulation financière qui débouchera sur

1. Voir Guillaume Duval, *Made in Germany, le modèle allemand au-delà des mythes*, éditions du Seuil, 2013.

les crises de 2000-2001 et 2008-2009 et d'une politique sociale très dure à l'égard des pauvres. Au Royaume-Uni, le Premier ministre travailliste Tony Blair s'est inscrit lui aussi dans la même lignée.

La baisse des dépenses publiques, une obsession nuisible

Rien de surprenant donc qu'un étatiste autoritaire comme l'est Emmanuel Macron soit aussi un néolibéral convaincu en matière économique et sociale, pas plus qu'il n'est inhabituel qu'un néolibéral parmi les plus déterminés vienne de la gauche. Mais sur le fond en quoi et pourquoi cette obsession de la baisse des dépenses publiques est-elle stupide ?

D'abord parce que, contrairement à ce qu'on croit souvent, elle est parfaitement contraire en réalité aux besoins du développement de l'économie capitaliste marchande privée. Ce qui caractérise en effet nos sociétés et nos économies modernes c'est ce qu'on appelle la division du travail. Contrairement aux sociétés anciennes ou chacun tissait lui-même ses vêtements et faisait son pain, la plupart des biens et services que nous consommons proviennent du travail d'une foule de personnes et d'organisations qui n'en produisent chacune qu'une petite partie.

Ce mouvement vers une division du travail toujours plus poussée n'a guère cessé de s'accentuer depuis quatre siècles que le capitalisme est né. C'est pour une part essentielle grâce à lui que nous avons pu améliorer nos conditions de vie : cela peut paraître « sympa » de tisser soi-même ses vêtements ou de faire soi-même son pain, mais pendant qu'on le fait on ne fait pas autre chose. Et comme on en fait peu et avec peu d'équipements, on n'est pas très productif. C'est grâce à la division du travail qu'on a pu augmenter dans des proportions très importantes cette productivité de notre travail et en conséquence fournir à chacun et chacune d'entre nous beaucoup plus de biens et services. Entraînant l'amélioration considérable de nos conditions de vie observée depuis trois siècles. C'est l'avantage de la vie en société : la coopération est plus efficace que l'individualisme.

Mais cet avantage a une contrepartie : les sociétés et les économies où la division du travail est poussée sont aussi des sociétés où il faut coordonner efficacement le travail de millions de personnes et de milliers d'organisations. Ces économies sont aussi de ce fait particulièrement fragiles, très sensibles à toutes sortes d'aléas. Comme de nombreuses personnes et structures doivent coopérer entre elles, il faut des contrats qui définissent ces relations et donc un appareil judiciaire et administratif développé pour les définir et les faire respecter. Comme il faut échanger de nombreux composants et livrer des produits finis, il faut des infrastructures de transport de qualité et toujours disponibles. Mais il faut aussi de la sécurité pour que ces composants ou ces biens ne soient pas dérobés au passage. Pour que le travail soit fait en temps et en heure tout au long de la chaîne, il faut un système de santé qui préserve la collectivité des aléas liés aux maladies, et on vient de voir avec le COVID-19 combien le sujet était sérieux. Comme il faut aussi coordonner beaucoup de personnes et de structures, souvent sur des aires géographiques étendues, on a besoin également de canaux de communication qui fonctionnent instantanément et en permanence. Et pour faire fonctionner toute cette mécanique complexe et fragile, il faut disposer constamment d'eau courante, d'assainissement, d'énergie, de ramassage des déchets… Il faut également assurer en permanence la paix sociale parce que si un seul maillon se croise les bras, il peut bloquer rapidement toute la chaîne, comme le montrent régulièrement les camionneurs par exemple.

Il faut de plus en plus de biens publics

Bref, des sociétés où la division du travail est poussée nécessitent la présence de très nombreux «biens publics», c'est-à-dire des éléments qui doivent être présents partout et en permanence dans l'environnement car ils conditionnent la bonne marche de l'économie en question. Les néolibéraux et les milieux patronaux développent toujours un récit mythique où ce seraient *d'abord* les entreprises privées qui produiraient seules de la richesse grâce au génie entrepreneurial de leurs patrons et actionnaires et l'État viendrait *ensuite* leur prendre l'argent pour financer des dépenses publiques. Il leur prendrait bien sûr trop de cet argent durement gagné pour financer des choses parfaitement inutiles, handicapant ainsi la véritable création de richesses qui ne relève que du secteur privé. Dans la vraie vie, cela ne se passe évidemment pas du tout ainsi. Aucun entrepreneur, aussi doué soit-il, ne peut construire une entreprise qui marche, s'il ne dispose pas *au préalable* d'une main-d'œuvre bien formée et en bonne santé, de courant électrique disponible tout le temps et de canaux de communication fonctionnels en permanence, d'un cadre juridique stable et protecteur…

Or de tels biens publics, on ne sait les produire que par l'action publique. Les riches ou les entreprises peuvent certes se payer des gardiens, des caméras et des barbelés pour protéger leurs maisons ou leurs entrepôts. Mais si les riches ne peuvent plus sortir dans la rue sans se faire agresser, leurs lotissements ressemblent beaucoup à des prisons même si ce sont des prisons dorées. De même, si les camions des entreprises se font détrousser dès qu'ils quittent les entrepôts, leurs affaires ne risquent pas de prospérer. Il en va de la même façon pour la santé : les riches peuvent certes se payer de façon privée des soins de qualité, mais si les pauvres ne sont pas soignés, les affaires des riches, pour lesquels ils travaillent, risquent de péricliter s'ils doivent s'absenter trop souvent ou mourir prématurément. De plus, les riches eux-mêmes risquent de tomber plus souvent malades si les pauvres qu'ils croisent, ne serait-ce que pour les servir, sont mal soignés. L'éducation ressortit elle aussi à une logique identique. Les riches peuvent se payer de façon privée une éducation de qualité, mais si la grande majorité des pauvres ne sait ni lire, ni écrire, ni compter, leurs affaires ne risquent guère de prospérer parce qu'ils ne pourront pas mettre en œuvre à grande échelle dans leurs entreprises des technologies sophistiquées, inventer de nouveaux produits et services, résoudre des difficultés imprévues…

Bref, pour faire fonctionner de manière fluide nos économies complexes, on a besoin de plus en plus d'intervention publique dans des domaines de plus en plus nombreux. Le simple jeu des intérêts privés ne permet pas en effet que les biens publics indispensables soient réellement présents partout et toujours dans la société et l'économie. C'est pour cela que le signe le plus sûr qu'un pays est en train de se développer, c'est en réalité la montée de la part des dépenses publiques dans son PIB. Si on observe ce qui s'est passé sur ce plan au cours des dernières décennies en Corée ou plus récemment en Turquie, c'est tout à fait spectaculaire. Et on aurait tort de considérer que cette hausse des dépenses publiques serait simplement la conséquence normale du développement de l'activité économique. La causalité est en réalité exactement inverse : c'est parce que des pays comme la Corée ont décidé d'investir massivement dans leurs infrastructures matérielles – routes, logement, électricité –, et immatérielles – santé, éducation, système judiciaire… – que l'activité économique a pu décoller. Et que, dorénavant, ce pays, qui ne produisait guère encore que du textile bas de gamme dans les années 1960, nous inonde aujourd'hui de téléviseurs, de voitures et de téléphones portables.

A contrario, si beaucoup de pays ne parviennent pas à faire décoller leur économie ce n'est pas parce qu'ils manquent de gens qui auraient l'esprit d'entreprise. Il suffit de s'être rendu une fois sur un marché africain pour constater la vitalité entrepreneuriale et le dynamisme commercial qui règnent sur ce continent. Ce qui manque d'abord à ces pays c'est la capacité à construire une action publique efficace, à se doter d'un système éducatif et de santé de qualité, à mettre en place la distribution d'eau potable et l'assainissement, à approvisionner le pays en électricité de manière stable, à limiter la corruption et à faire respecter les contrats... C'est pour cela que l'action de la Banque mondiale et du Fonds monétaire international a eu des effets aussi négatifs dans les années 1980 sur ce continent quand, dans le cadre de ce qu'on appelait à l'époque le « consensus de Washington » , ils mettaient l'accent en priorité sur la baisse des dépenses publiques dans les pays en développement où ils intervenaient.

Bref, l'une des principales idées de base du programme d'Emmanuel Macron – il faut absolument faire baisser les dépenses publiques – est simplement une idée contre-productive pour l'économie française. La hausse tendancielle de la part des dépenses publiques dans le PIB de tous les pays développés n'est pas un obstacle au développement de l'économie marchande privée, elle en est au contraire la condition : dans ces économies de plus en plus complexes et fragiles pour pouvoir continuer à faire des profits il faut pouvoir au préalable socialiser de plus en plus de sources de pertes potentielles.

Dépenses publiques contre économie marchande privée : une idée (totalement) fausse

Cette idée fausse d'un effet forcément négatif de la hausse des dépenses publiques sur l'activité économique privée provient notamment d'une incompréhension totale – y compris chez nos fameuses élites si intelligentes – du fonctionnement de nos économies mixtes. En France, les dépenses publiques représentaient 55,4 % du PIB en 2019, juste avant la crise. On en déduit généralement que l'économie marchande privée ne représenterait plus désormais que 44,6 % du PIB. Et comme les dépenses publiques ne pesaient encore que 45,2 % du PIB français en 1978, on en déduit également que le poids de cette économie privée a reculé de plus de 10 points en l'espace de quarante ans.

Mais en réalité ce n'est pas (du tout) ainsi que les choses se passent. Avec les salaires des fonctionnaires et les retraites de la fonction publique, les loyers, le téléphone, l'électricité, etc., et l'amortissement des investissements publics, le fonctionnement de l'appareil d'État n'avait absorbé en réalité en 2019 que 23 % du PIB français. Autrement dit, l'économie marchande privée a produit 77 % des richesses cette année-là. En 1978 cette proportion était de 79,5 %. Il y a donc certes eu un recul depuis, mais celui-ci est très limité.

Comment est-ce possible ? Simplement, l'essentiel des dépenses publiques correspondent à des flux financiers qui sont prélevés d'un côté pour être immédiatement réinjectés de l'autre dans l'économie privée. C'est le cas en particulier de la plupart des dépenses de protection sociale : assurance maladie quand elles remboursent des frais de pharmacie ou des dépenses contractées auprès de médecins libéraux, assurance chômage, retraites… La montée des dépenses publiques dans le PIB n'a pas en réalité pour effet de faire reculer la part de l'économie marchande privée dans notre économie. Elle consiste principalement à réorienter les flux qui l'alimentent en corrigeant des distorsions nuisibles au bon fonctionnement de la société, et donc de son économie, qui résultent du jeu spontané des acteurs privés. Et une telle réorientation est de plus en plus souvent nécessaire pour le bon fonctionnement de cette économie marchande privée pour les raisons développées précédemment.

La vision fréquente d'une économie qui serait divisée en deux parties opposées, le privé d'un côté et le public de l'autre, ne correspond pas à la réalité de nos sociétés. Notre économie est constituée en fait d'un continuum associant à des degrés variables le privé et le public : un secteur public proprement dit, avec l'État employeur-producteur, des services publics mis en œuvre par des acteurs privés par délégation de l'État, comme c'est souvent le cas dans l'eau ou la gestion des déchets, des acteurs privés à but non lucratif, comme les associations ou les mutuelles, des acteurs privés soumis à une régulation stricte par l'État, comme dans les banques, les assurances, les télécommunications ou les médias, et enfin un secteur privé « normal », dont les activités sont néanmoins alimentées massivement par des transferts de revenus organisés par la puissance publique. C'est ce mélange intime, avec la biodiversité des statuts et des situations qui l'accompagne, qui, comme dans la nature, fait la solidité et la résilience de nos économies. Une résilience que menace la vision simpliste du rapport public-privé développée par des néolibéraux dont aujourd'hui Emmanuel Macron est le principal héraut en France.

Depuis le milieu des années 1980, sous la pression de ces néolibéraux devenus dominants, la part des richesses consacrée à faire fonctionner l'État employeur-producteur est, quant à elle, restée totalement stable contrairement à ce qu'on raconte souvent. Il y a bien eu en effet, sous l'impact des lois de décentralisation, une croissance importante de l'emploi public dans les collectivités territoriales, principalement les intercommunalités et les régions, mais en contrepartie l'État central a tellement maigri que l'ensemble ne mobilise pas plus de ressources aujourd'hui qu'il y a trente ans en proportion des richesses produites. Et il y a de bonnes raisons de penser que cet effort constant pour réduire les dépenses de personnel de l'État central a été largement contre-productif pour l'économie du pays.

La baisse des dépenses de fonctionnement de l'État a été contre-productive

Nous avons indiqué précédemment que le système judiciaire jouait partout un rôle central dans nos sociétés modernes et complexes. En proportion de son PIB, la France dépense quasiment deux fois moins que la plupart de ses voisins – allemands, britanniques, italiens, espagnols – pour faire fonctionner sa justice selon les données d'Eurostat. Qui peut imaginer que cette justice au rabais constitue un avantage compétitif quelconque pour l'économie française ? C'est bien sûr exactement le contraire. Pour limiter les dépenses publiques, les salaires des fonctionnaires ont été également bloqués depuis une dizaine d'années maintenant et leurs rémunérations divergent de plus en plus de celles des salariés du secteur privé à niveau de qualification équivalent. Résultat : l'État peine de plus en plus à recruter des enseignants ou des informaticiens. Qui peut penser là aussi que de cette pression sur les coûts du service public puisse résulter un quelconque avantage pour le pays ?

Plus fondamentalement, il y a une contradiction entre deux objectifs mis régulièrement en avant par Emmanuel Macron comme par tous ses prédécesseurs néolibéraux : réformer l'État et dans le même temps réduire son coût de fonctionnement. Si vous supprimez des postes à l'aide de règles bureaucratiques comme « un départ en retraite sur deux ne sera pas remplacé », si vous bloquez les salaires des personnels du public, comment pouvez-vous espérer non seulement faire accepter un changement quelconque aux salariés du secteur public mais en plus qu'ils deviennent proactifs dans ce mouvement de réforme ? Confrontés à de telles marques de mépris pour leur travail, ils ont évidemment et légitimement tendance à se recroqueviller, s'accrocher au statu quo et s'opposer à tout changement. Une réforme réussie de l'action publique ne peut se faire qu'avec non seulement l'acceptation des salariés concernés mais aussi leur participation active. Cela implique dans un premier temps qu'une réforme de l'État ne peut que coûter plus cher : réformer ET réduire les coûts dans le même temps, c'est simplement impossible. C'est le cas d'ailleurs également dans le secteur privé : les plans de restructuration sont toujours très coûteux dans un premier temps pour les entreprises. Les politiques de réduction des coûts de fonctionnement de l'État mis en place par Emmanuel Macron comme par ses prédécesseurs contribuent donc en réalité à empêcher son indispensable réforme. Elles sont de ce fait contre-productives pour le pays.

La France championne du monde des dépenses publiques : et alors ?

Il n'en reste pas moins que la France est bien le pays au monde, aux côtés des pays nordiques, où la part des dépenses publiques rapportées au PIB est la plus élevée. Ce qui contribue à nourrir les discours de celles et ceux qui, à l'instar d'Emmanuel Macron et de toute la droite française, continuent d'insister sur l'urgente et indispensable baisse de ces dépenses, bien que, suite en particulier à la crise déclenchée par l'épidémie de COVID-19, la tendance soit en train de s'inverser dans le reste du monde, et notamment aux États-Unis avec Joe Biden. Alors, être les champions du monde de la dépense publique, est-ce grave, docteur ? Pas vraiment.

Tout d'abord, les dépenses de fonctionnement de l'État employeur-producteur français – salaires, consommations intermédiaires, amortissement des investissements – n'ont rien d'exceptionnel à l'échelle internationale. Elles mobilisent une part équivalente des richesses produites que dans les pays anglo-saxons et cette part est sensiblement inférieure en France à ce qu'elle est dans les pays nordiques qu'on donne si souvent en exemple. Nous avons déjà vu également que le pourcentage des richesses produites que nous consacrons chaque année au fonctionnement de l'État employeur-producteur n'a quasiment pas augmenté depuis quarante ans. Les efforts réalisés par Emmanuel Macron comme par ses prédécesseurs pour limiter cette part ont eu en revanche de nombreux effets négatifs pour la société et l'économie françaises.

Ce qui a par contre augmenté significativement depuis un demi-siècle et fait que la France est championne du monde des dépenses publiques, ce sont les autres types de dépenses que nous avons déjà évoquées : ces sommes qui sont perçues d'un côté par l'État pour être immédiatement redistribuées de l'autre. Et cela correspond pour l'essentiel aux dépenses de protection sociale, lutte contre la pauvreté, assurance maladie, assurance chômage, retraites, dépendance.

La France est en effet le pays au monde qui socialise le plus ce type de prestations. Si on veut faire baisser les dépenses publiques, c'est donc là qu'il faudrait « taper » en priorité. D'où les multiples et répétées réformes des retraites, de l'assurance chômage, de l'assurance maladie… En pleine crise du COVID-19, Emmanuel Macron a ainsi absolument tenu à mettre en œuvre une réforme de l'assurance chômage qui devrait affecter gravement les demandeurs d'emploi les plus précaires et il rêve de ressusciter le plus vite possible sa grande réforme des retraites avortée pour cause d'épidémie.

Mais est-ce que les citoyens seraient gagnants si on diminue les prestations sociales ? En règle générale, non, pas du tout. La plupart d'entre elles ont une fonction redistributive limitée : ce n'est pas par ce biais qu'on corrige les inégalités en prenant aux riches pour donner aux pauvres. Les Français ne le savent généralement pas, mais l'ensemble des minima sociaux, les seules prestations qui soient exclusivement destinées aux pauvres, ne représentaient que 27,2 milliards d'euros en 2018, soit 1,2 % du PIB. Sur les 54 % du PIB de dépenses cette année-là, cela représente donc 2,2 % du total. Contrairement à une image d'Épinal, la France n'est absolument pas un pays particulièrement généreux avec ses pauvres.

Les autres dépenses de protection sociale correspondent en fait surtout à une mutualisation pour organiser la solidarité entre actifs et chômeurs, jeunes et vieux, malades et bien portants… Et la plupart des prestations versées dans ce cadre sont proportionnelles aux revenus d'activité des personnes concernées, autrement dit elles ne modifient pas la hiérarchie de ces revenus. C'est pourquoi quand on diminue les dépenses sociales on ne fait guère de gagnants et au contraire beaucoup de perdants : pour pouvoir bénéficier du même niveau de revenus ou de remboursement en cas de maladie, de chômage ou de retraite, les personnes devraient s'assurer à titre individuel et cela leur coûterait généralement sensiblement plus cher que dans le cadre d'un système public collectif.

On le mesure bien en particulier dans le cas de l'assurance maladie où, aux États-Unis, l'absence de système public généralisé, comme il en existe partout en Europe, conduit à un surcoût énorme pour les citoyens américains. D'une part, parce que le fractionnement du marché côté acheteurs combiné à de fortes barrières à l'entrée pour des raisons réglementaires côté offreurs permet à ces derniers d'imposer leurs prix (élevés) et, d'autre part, parce que, contrairement à ce qu'on croit souvent, le monopole est le plus souvent beaucoup moins coûteux que la concurrence. Les coûts de gestion de l'Assurance maladie représentent en France de l'ordre de 5 % des dépenses correspondantes. Dans un cadre privé et concurrentiel, ces coûts de gestion auraient très probablement du mal à être inférieurs à 15 %. AXA, Generali et les autres seraient sans doute en mesure de ramener les 5 % de coûts de gestion de l'Assurance maladie à 4 % avec des logiciels plus performants et en mettant davantage la pression sur les salariés, mais à côté de cela, ils seraient obligés de dépenser des mille et des cents pour nous envoyer des mailings, nous appeler matin, midi et soir, faire de la pub à la télé et sur Internet pour qu'on vienne chez eux et pas chez les voisins. Et cela coûte très cher…

Par ailleurs, en l'absence de système collectif socialisé, c'est une logique individuelle de gestion du risque qui s'impose. Dans un tel contexte, ce sont toujours celles et ceux qui auraient le plus besoin d'une assurance qui n'en trouvent pas, d'où les histoires horribles qu'on entend régulièrement en provenance des États-Unis en matière de santé. De même, dans une logique où les revenus versés aux retraités ne résultent pas d'un mécanisme collectif mais de leurs choix individuels d'épargne tout au long de leur vie, on a toutes les « chances » de multiplier les drames individuels liés à l'instabilité et à la complexité des marchés financiers. Chez les plus pauvres et les moins éduqués, bien entendu, mais même aussi chez de nombreuses personnes des couches moyennes et supérieures. La protection sociale publique universelle est un moyen de donner à toutes et tous stabilité et prévisibilité dans la société. Ce qui permet justement de se concentrer sur l'innovation et l'amélioration de la productivité au lieu de s'angoisser en permanence sur ce dont demain sera fait… Bref, si on baisse significativement les dépenses sociales comme le veut Emmanuel Macron, il y aura en réalité très peu de gagnants, y compris parmi les plus aisés, et énormément de perdants.

Une protection sociale pour les pauvres, c'est une protection sociale pauvre

Il existe néanmoins un argument de « gauche », utilisé par Emmanuel Macron comme par ses prédécesseurs sociaux-libéraux, en faveur d'une baisse des dépenses sociales. Ce qui fait que la France est championne des dépenses publiques c'est en effet le caractère universel de ses systèmes sociaux. Ceux-ci englobent l'ensemble de la population et versent généralement des prestations proportionnelles aux revenus, alors que les Anglo-Saxons ont mis en place plutôt des filets de sécurité réservés aux seules personnes les plus pauvres et les plus en difficulté. Ce qui induit des dépenses sociales significativement plus faibles. Mais est-ce bien raisonnable de donner en France tellement d'argent public pour leurs retraites ou leur assurance maladie à des personnes aisées qui pourraient fort bien se débrouiller toutes seules ? Ne faudrait-il pas au contraire concentrer, comme chez les Anglo-Saxons, l'action publique sur celles et ceux qui « en ont vraiment besoin » ? Si on n'a plus à s'occuper des riches sur le plan social, cela permettrait de faire davantage pour les plus pauvres.

Eh bien non. Il ne faut surtout pas aller dans ce sens : c'est un piège mortel pour la protection sociale. Tout d'abord, nous l'avons dit, les riches et les classes moyennes n'y gagneraient pas vraiment, car ils paieraient plus cher les prestations correspondantes dans un cadre privé et auraient à faire face à plus d'aléas et de risques dans leur couverture. Mais surtout, si la protection sociale est exclusivement destinée aux pauvres tout en étant financée par les riches et les classes moyennes, ces derniers mettront tout en œuvre pour limiter le volume de ces prestations et en limiter l'accès à travers une multitude de conditions. C'est ce qu'on observe systématiquement dans les pays anglo-saxons où le débat public s'est concentré pendant plusieurs décennies sur la baisse des prestations sociales. Et c'est ce qu'on observe aussi en France au sujet des prestations spécifiquement destinées aux pauvres, comme le revenu de solidarité active (RSA), que la droite mais aussi les sociaux-libéraux accusent toujours des pires maux, veulent toujours rendre conditionnel, associer à des « travaux d'intérêt général »...

En réalité, une protection sociale réservée aux pauvres, c'est toujours une protection sociale pauvre. Pour que la protection sociale soit de qualité et protège effectivement les pauvres, il est essentiel qu'elle profite également aux riches. C'est d'ailleurs un des arguments les plus forts en faveur du remplacement du revenu de solidarité active par un revenu universel : si les riches le touchent aussi, ils cesseront peut-être d'« emmerder » autant les pauvres qui en bénéficient...

Les dépenses publiques garantes de la cohésion territoriale

Dans le cas français, il ne faut pas oublier également un autre rôle essentiel joué par le haut niveau des dépenses publiques : il aide à corriger les déséquilibres territoriaux massifs créés par plusieurs siècles de centralisation autour de Paris. La France est à la fois un des pays d'Europe les plus déséquilibrés sur le plan du développement économique sur son territoire (avec le Royaume-Uni pour les mêmes raisons), mais aussi un de ceux où les écarts de revenu sont les plus limités territorialement.

Le PIB par habitant de l'Île-de-France, 59 400 euros en 2018, représente près du double de la moyenne en France métropolitaine, tandis que le revenu par habitant n'est supérieur « que » de 10,2 % par rapport à la moyenne française. La différence est redistribuée hors de la région principalement via les dépenses publiques.

Mais cette redistribution territoriale massive est aussi de longue date un des sujets majeurs d'irritation pour Emmanuel Macron et les néolibéraux de droite comme de gauche. Ils sont persuadés en effet que l'avenir n'appartient qu'aux métropoles, aux villes-mondes interconnectées dans la globalisation. Et qu'un des handicaps les plus lourds de l'économie française dans la compétition mondiale provient justement de cette volonté de redistribution territoriale. Elle ferait peser un poids excessif sur la richesse créée dans les métropoles qui doivent entretenir un arrière-pays où il ne se passe plus rien en y finançant prestations sociales et services publics.

Cette façon de voir les choses est à l'origine des politiques publiques mises en place depuis quarante ans avec beaucoup de continuité par-delà les alternances afin de réduire progressivement le maillage territorial de tous les services publics et concentrer progressivement l'action publique sur les grandes villes (même si en leur sein les quartiers populaires sont eux aussi délaissés). C'est aussi le sens des évolutions institutionnelles, et notamment de la création en 2014, sous l'impulsion en particulier d'Emmanuel Macron ancien rapporteur de la commission Attali de 2008, d'une nouvelle structure politique, les métropoles, dotées de pouvoirs et de moyens supplémentaires.

Et les Français l'ont parfaitement compris : le puissant mouvement de contestation des Gilets jaunes était avant tout une réaction d'exaspération face à ces inégalités territoriales croissantes. La montée quasi continue depuis trente ans du Front national devenu Rassemblement national, s'explique elle aussi au moins autant par ce sentiment d'abandon des habitants des zones rurales et des petites villes que par la crainte d'une immigration musulmane massive, souvent peu présente en réalité dans les zones de force de l'extrême droite.

La politique d'Emmanuel Macron dans ce domaine accentue celle de ses prédécesseurs : la droite traditionnelle fait certes toujours campagne sur le thème de la baisse des dépenses publiques, mais, arrivée au pouvoir, elle ne passe jamais réellement à l'acte (contrairement à Emmanuel Macron) parce qu'elle sait bien qu'elle se tirerait une (grosse) balle dans le pied dans ses bastions ruraux. Emmanuel Macron n'a pas ce souci : il n'est l'élu que des couches privilégiées des grandes villes.

Cette politique ne fait cependant pas qu'exacerber les tensions sociales et politiques et menacer à terme l'unité du pays, elle est aussi en réalité contre-productive sur le plan économique. D'abord, bien sûr, parce que les tensions sociales et politiques sont par elles-mêmes un puissant facteur de perte de compétitivité : personne n'investit dans un pays où la révolte gronde en permanence, où les jacqueries se multiplient, où des barricades se dressent tous les quatre matins…

Mais aussi parce que le succès d'une métropole se joue en réalité beaucoup dans des relations équilibrées et multiples avec son arrière-pays. Si malgré les 35 heures, les impôts élevés, etc., les multinationales étrangères apprécient autant la France et viennent s'y installer si souvent, c'est pour une part non négligeable du fait de la qualité de vie qu'offre l'arrière-pays des grandes villes avec leurs richesses culturelles mais aussi leurs infrastructures. Il y a fort à parier que si la France n'avait que ses métropoles polluées, leurs loyers élevés et leurs embouteillages constants à offrir, les entreprises américaines, allemandes, japonaises… seraient nettement moins nombreuses à vouloir s'y implanter.

De même, si la France est une des toutes premières destinations touristiques mondiales où les Néerlandais et les Britanniques se plaisent tant, au point pour beaucoup d'entre eux de venir s'y installer et y passer leur retraite, c'est à cause de cet arrière-pays, peu densément peuplé mais néanmoins doté de services publics et d'infrastructures convenables. Autrement dit, la politique de repli de l'action publique sur les métropoles voulue par Emmanuel Macron revient à tirer une balle dans le pied d'un des secteurs d'activité qui fournit le plus d'emplois en France et rapporte le plus de devises pour équilibrer nos comptes extérieurs…

Mais surtout, il n'est pas avéré que le XXIe siècle appartiendra nécessairement aux métropoles. L'épidémie de

COVID-19 a illustré en particulier les faiblesses et les fragilités qui résultent de cette concentration urbaine. Les technologies de l'information permettent de plus en plus de se passer de cet impératif de la proximité physique pour pouvoir coopérer étroitement. Il n'est pas improbable que l'épidémie de COVID-19 marque un point d'inflexion dans la tendance séculaire à une toujours plus grande concentration des populations humaines dans les grandes villes.

De plus, avec la fin des énergies fossiles, la terre agricole va à coup sûr devenir une des ressources rares les plus essentielles du XXIe siècle. On en aura besoin non seulement pour fournir de la nourriture mais aussi de l'énergie (les énergies fossiles sont pour l'essentiel des déchets végétaux fossilisés), des substituts aux plastiques dans le textile et leurs multiples autres applications ou encore des matériaux de construction biosourcés. Or la France est un des pays qui en disposent le plus en Europe. Avec 123 habitants au kilomètre carré, elle est en effet deux fois moins densément peuplée que le Royaume-Uni (273), l'Allemagne (237) ou l'Italie (206). Sans parler des Pays-Bas (509).

Pendant trois siècles cette faible densité a plutôt été un handicap majeur par rapport à nos voisins en matière d'industrialisation. Une plus forte densité urbaine leur donnait en effet un avantage compétitif important : plus de capital physique, intellectuel, humain mobilisable sur de courtes distances, plus de structures, d'universités, de sous-traitants, de financiers, d'avocats… disponibles à portée de main… Mais au XXIe siècle cette faible densité, cette quantité importante de terres agricoles utilisables pourraient au contraire se révéler un atout majeur pour le pays. À condition toutefois de ne pas engager à contretemps la politique d'abandon de notre arrière-pays prônée par Emmanuel Macron au nom de l'impératif de baisse des dépenses publiques.

Bref, il y a tout lieu de penser qu'une politique de baisse significative des dépenses publiques ferait éclater le pays et affaiblirait certains de ses principaux avantages compétitifs. Un haut niveau de dépenses publiques n'empêche pas l'économie marchande privée de fonctionner. Au contraire, il permet de lui fournir les biens publics qui lui sont indispensables, de donner à celles et ceux qui font tourner cette économie privée la tranquillité d'esprit qui leur permet de se concentrer sur leur travail et sur l'innovation, de corriger les déséquilibres territoriaux, de stabiliser l'activité en cas de crise ou d'aléas majeurs. De plus, ces dépenses publiques élevées n'appauvrissent pas réellement les classes moyennes tout en améliorant le sort des pauvres.

Une condition : l'efficacité de l'action publique

Il y a néanmoins une condition nécessaire pour que ces bienfaits se réalisent effectivement : cette action publique doit être menée de façon efficace. Et c'est bien souvent là que le bât blesse en France à cause de ce que nous avons analysé précédemment[1] : l'étatisme à la française où l'État a pour fonction de dominer et de modeler la société et non de la servir. Un étatisme dont les défauts

1. Voir p. 15.

traditionnels ont été encore renforcés par l'autoritarisme bonapartiste d'Emmanuel Macron.

Albert Hirschman (1915-2012) est un économiste américain d'origine allemande. Il n'a jamais eu le prix « Nobel » d'économie parce qu'il n'a jamais utilisé une seule équation dans son œuvre. Celle-ci a cependant contribué à éclairer bien davantage le fonctionnement de nos sociétés et de nos économies que celle de nombre des virtuoses de l'économie mathématisée. C'est le cas en particulier de l'un de ses principaux livres, *Exit, voice and loyalty*[1], paru en 1970. Il y décrit les deux principaux types d'interactions qui caractérisent les sociétés humaines. L'« exit », tout d'abord : quand une personne est insatisfaite d'une situation, d'un service, elle part et va voir ailleurs. C'est en particulier le mode d'interaction de base de l'économie de marché : si le prix est trop élevé, on change de fournisseur, si le service ou le bien est de mauvaise qualité, on va chez un autre offreur… L'autre mode d'interaction de base entre humains c'est la « voice » : quand on n'est pas content, on « l'ouvre », on manifeste son mécontentement jusqu'à ce que les causes des dysfonctionnements aient été corrigés. C'est, en théorie du moins, le mode d'interaction de base entre l'État et la société en ce qui concerne l'action et les services publics. L'État a en effet comme une de ses caractéristiques principales d'être monopolistique sur le territoire qu'il couvre. On peut certes aussi pratiquer l'« exit » à son égard en s'exilant, mais il s'agit quand même d'une

1. Albert Hirschman, *Défection et prise de parole*, éditions Fayard, 1995.

démarche très lourde et coûteuse puisqu'elle implique de couper les ponts pour aller s'installer ailleurs. C'est le voyage qu'entreprennent nombre de migrants confrontés à des États faillis, dysfonctionnels, des sociétés en guerre civile... Dans une démocratie, en temps de paix, ce ne devrait cependant pas être le moyen privilégié pour améliorer les choses.

Ce qui fait une part essentielle des difficultés spécifiques de la société et de l'économie française c'est la combinaison entre une action publique importante qui se traduit par des dépenses publiques élevées, et un appareil d'État qui est structurellement bâti pour rester sourd à la « voice » des citoyens. II est fait au contraire, nous l'avons vu, pour contrôler et modeler la société et lui imposer les politiques choisies par la noblesse d'État que constitue la haute administration, le moule dont est issu Emmanuel Macron... À cela s'ajoute, ou plutôt se combine parce que cela en résulte également, la faiblesse particulière en France des « corps intermédiaires », partis et syndicats notamment, qui pourraient être le vecteur privilégié de la « voice » des citoyens auprès de l'appareil d'État.

Dans un tel contexte, l'action publique est structurellement condamnée à être inefficace, « à côté de la plaque », puisqu'il n'y a pas de corde de rappel en cas de dysfonctionnement : le rapport État/société n'est fondamentalement organisé que pour fonctionner dans un seul sens. On l'a constaté régulièrement au cours des dernières décennies avec par exemple les politiques de la ville ou les politiques éducatives : la France dépense plutôt plus que d'autres pour lutter contre les ghettos urbains et éduquer sa jeunesse, mais ces politiques publiques sont incapables d'atteindre un tant soit peu les objectifs qui leur sont théoriquement assignés. En particulier parce que la façon dont ces politiques publiques sont menées ne tient aucun compte des difficultés rencontrées sur le terrain.

Au cours de la période la plus récente, la meilleure preuve de cette difficulté structurelle de l'État français à se mettre au service des citoyens et de la société a sans doute été apportée par la numérisation de l'action publique. Ce qui aurait pu devenir un moyen privilégié de faciliter le dialogue entre l'État et les citoyens et d'améliorer la qualité des services rendus par la sphère publique s'est généralement transformé en usines à gaz kafkaïennes rendant encore plus difficiles les échanges entre citoyens et services publics. Avec pour conséquence d'aggraver ainsi l'exclusion des plus faibles et des plus pauvres de la vie publique au lieu de la réduire.

Bref, si le haut niveau des dépenses publiques n'est pas en soi un problème, bien au contraire, comme l'illustrent d'ailleurs les pays nordiques, le fait que celles-ci soient couplées à un État structurellement incapable de répondre aux demandes et aux besoins des citoyens crée de nombreux dysfonctionnements. Ce qui entraîne une perte de légitimité de l'action publique et une crise démocratique d'une profondeur et d'une gravité particulières en France. Pour en sortir, il faudrait engager une refonte du rapport entre l'État et la société en donnant aux citoyens davantage de moyens, de recours pour peser en permanence sur les politiques publiques et obliger l'État à corriger ses dysfonctionnements. Mais ce n'est pas du tout le chemin qu'a pris Emmanuel Macron : représentant emblématique de cette aristocratie d'État qui pense mieux savoir que les Français ce qui est bon pour le pays, il cherche au contraire le salut de la France dans une fuite en avant élitiste et autoritaire. Cela ne peut donner rien de bon.

ERREUR N° 3

« Il faut travailler plus et gagner moins »

Nombreux sont ceux qui, au sein des élites françaises, considèrent volontiers comme parfaitement légitime que, compte tenu de leur intelligence supérieure et de leur efficacité exceptionnelle, leur propre emploi soit fort bien rémunéré, très protégé et stable, mais qu'en revanche le travail des autres, et en particulier celui de ceux qui sont placés en bas de l'échelle sociale, coûte beaucoup trop cher, manque beaucoup trop de flexibilité et permet beaucoup trop de loisirs. Et ce serait la raison pour laquelle l'économie française ne s'en sort pas, se désindustrialise… Emmanuel Macron en fait manifestement partie. Une analyse – fausse – qui entraîne des actions contre-productives, causant les difficultés bien réelles de l'économie française.

Sous François Hollande puis sous sa propre présidence, l'action d'Emmanuel Macron en matière de politique de l'emploi et de gestion des relations sociales aura eu en effet des conséquences particulièrement négatives pour le pays. Pas seulement cependant pour les plus pauvres et les plus précaires de nos concitoyens, principales cibles et victimes de son action, mais aussi sur le plan économique parce que cette politique aura en réalité affaibli la compétitivité de l'entreprise France.

Il ne fait certes aucun doute que la situation de l'économie française, et en particulier celle de son industrie, est devenue très difficile : la part de l'activité industrielle dans le PIB français est une des plus faibles au monde, notre position est en net recul en matière d'innovation et de high-tech et nous sommes en déficit extérieur chronique, en particulier dans les échanges de biens. Mais ce ne sont pas les salariés, et en particulier ceux du bas de l'échelle, qui portent la responsabilité de cette dégradation, c'est au contraire la politique prônée et mise en œuvre avec beaucoup de continuité depuis quarante ans, au-delà des alternances politiques, par le consortium des élites administratives et économiques du pays dont Emmanuel Macron est la quintessence.

Il n'y a eu aucune dérive des coûts salariaux en France depuis vingt ans

Pour apprécier l'évolution de la compétitivité coût d'une économie, le juge de paix porte le nom barbare de « coût unitaire de main-d'œuvre ». C'est le coût qu'il faut dépenser pour payer la main-d'œuvre nécessaire afin de produire un euro de richesse : la combinaison de l'évolution des coûts salariaux (salaires nets + cotisations sociales salariales et patronales pour chaque heure de travail) et de celle de la productivité (combien de richesses je produis pendant une heure de travail).

Prenons comme point de départ l'année 2000, le moment où en France se mettent en place les fameuses 35 heures, accusées de tous les maux, et arrêtons les compteurs en 2019 pour ne pas avoir à prendre en compte l'impact de l'évènement exceptionnel que constitue la pandémie de COVID-19. Sur ces deux décennies les coûts unitaires de main-d'œuvre se sont accrus en France de 31,2 % selon les données de la Commission européenne. Dans la zone euro cette hausse a été en moyenne de 34 %, un peu supérieure donc à ce qu'elle a été en France. Elle a été de 44,5 % en Italie, de 35,6 % aux Pays-Bas, de 34,8 % en Belgique... Et encore l'écart entre la France et le reste de la zone euro en termes de coûts unitaires s'est nettement amoindri depuis la crise de 2008-2011. L'économie française l'a traversée avec moins de difficultés en effet que la plupart de nos voisins, qui ont beaucoup serré la vis sur les salaires à cette occasion. Certes, la hausse des coûts unitaires de main-d'œuvre n'a été « que » de 29 % en Allemagne, le modèle que les néolibéraux n'arrêtent pas de mettre en avant depuis le début du nouveau siècle, mais personne ne peut croire un instant que ces deux petits points d'écarts avec la France sur deux décennies suffiraient à expliquer à eux seuls les trajectoires à ce point divergentes suivies par nos deux économies, et en particulier par nos deux industries...

Contrairement à ce que beaucoup croient, et en particulier Emmanuel Macron et ceux qui le soutiennent, il n'y a donc eu aucune dérive des coûts salariaux en France par rapport à nos voisins. L'explication de nos difficultés croissantes est à rechercher ailleurs. On en trouve tout d'abord un élément essentiel quand on compare l'évolution des coûts salariaux français non pas vis-à-vis de nos voisins mais du reste du monde. Toujours sur la même période de vingt ans entre 2000 et 2019, pendant que les coûts unitaires de main-d'œuvre montaient de 31 % en France et de 34 % dans la zone euro, ils ne se sont accrus que de 9,5 % aux États-Unis, de 0,6 % au Mexique. Tandis qu'ils ont baissé de 15,9 % en Turquie et de 30,4 % au Japon quand on les exprime en euros.

Si un tel gouffre s'est creusé, ce n'est pas vraiment parce que les évolutions salariales elles-mêmes, exprimées dans la monnaie des différents pays, ont été très différentes de celles constatées en Europe, c'est surtout le reflet de l'évolution du taux de change de l'euro avec les autres monnaies. 1 euro valait 0,9 dollar en 2000, il est monté jusqu'à un 1,6 dollar en 2008, une hausse de quasiment 80 % en une décennie… Les choses se sont calmées depuis la crise de 2008-2009 et l'euro s'échange aux alentours de 1,2 dollar aujourd'hui, mais c'est surtout cette période de l'euro fort qui a cassé la compétitivité coût de l'industrie européenne, notamment vis-à-vis de l'Asie de l'Est, et provoqué une vague massive de délocalisations.

À l'époque, personne n'a tenté d'y mettre un terme parce que l'euro fort n'a pas que des inconvénients pour les Européens : il leur permet d'acheter en dollars du pétrole à un bon prix ainsi que tous les produits, du textile à l'électronique, qu'ils ne fabriquaient déjà plus depuis longtemps.

Les raisons de l'exception industrielle allemande

Moyennant quoi, cette montée spectaculaire de l'euro a puissamment accéléré la désindustrialisation de la France, mais aussi celle de toute l'Europe dans des proportions très similaires. Il y a cependant une exception que chacun connaît : l'Allemagne. L'industrie allemande a su, elle, résister à cette tourmente et les néolibéraux français, Emmanuel Macron mais aussi avant lui Nicolas Sarkozy, ne manquent jamais de rappeler cette exception. Ils la mettent systématiquement sur le compte des politiques antisociales très dures menées par le chancelier social-démocrate Gerhard Schröder au tournant du nouveau siècle, entre 1998 et 2005. Pendant longtemps, en effet, c'étaient les « succès » de Ronald Reagan et de Bill Clinton aux États-Unis et ceux de Margaret Thatcher et Tony Blair au Royaume-Uni qui servaient d'arguments de vente au néolibéralisme en France, mais, au fil du temps, l'envers du décor est devenu de plus en plus visible et la réalité de ces « succès » est apparue illusoire, notamment avec les crises financières à répétition que la dérégulation a causées dans le monde anglo-saxon. Mais, heureusement, l'Allemagne de Gerhard Schröder est apparue pour servir à son tour de modèle permettant de continuer à « vendre » le néolibéralisme. Un modèle qui avait de plus l'avantage d'être beaucoup plus acceptable *a priori* en France puisque héritier d'une tradition nettement plus sociale que le Royaume-Uni ou les États Unis.

Or, en réalité, le bilan de l'action de Gerhard Schröder a été tout aussi négatif pour l'Allemagne que celui de

Ronald Reagan et Margaret Thatcher pour leurs pays respectifs. Sur le plan politique, tout d'abord, Gerhard Schröder a coulé, sans doute définitivement, le SPD, le parti social-démocrate le plus puissant d'Europe, tout comme François Hollande a fait sombrer le PS français quand, conseillé par Emmanuel Macron, il s'est mis à vouloir marcher sur ses pas. Comme celle de la gauche sociale-libérale française après 1983, la politique de Gerhard Schröder a aussi favorisé la réapparition de l'extrême droite en Allemagne et son ancrage dans des couches populaires, qui se sont senties, à juste titre, abandonnées par les sociaux-démocrates.

La politique de Gerhard Schröder a sensiblement affaibli en effet ce qui était une des principales forces de la société mais aussi de l'économie allemandes – sa cohésion sociale – en favorisant le développement de la pauvreté – et en particulier de la pauvreté laborieuse – et des inégalités. Ce qui a fait paradoxalement le succès et la longévité d'Angela Merkel à la tête de l'Allemagne depuis 2005, c'est qu'elle a su réparer beaucoup des dégâts causés au tissu économique et social allemand par Gerhard Schröder, notamment en instaurant un salaire minimum et en revenant en bonne partie sur la réforme voulue par les sociaux-démocrates pour porter l'âge de la retraite à 67 ans.

Et en réalité, si l'industrie allemande s'est, seule, tirée du mauvais pas où l'industrie française et européenne s'est trouvée entraînée dans les années 2000, c'est plutôt malgré Gerhard Schröder que grâce à lui. Cela tient en effet principalement à trois raisons qui n'ont rien à voir avec son action.

Tout d'abord, l'industrie allemande est spécialisée de longue date dans les biens d'équipement, d'une part, les machines qui équipent les usines du monde entier, et les voitures haut de gamme, d'autre part. Quand la Chine et les autres pays émergents se sont mis à s'industrialiser à tour de bras à partir du début des années 2000, ils ont acheté des machines allemandes et pas des machines françaises parce qu'il n'en existe plus depuis bien longtemps. Quasiment les seuls biens d'équipement que nous produisions encore, ce sont des centrales nucléaires dont presque personne ne veut… De même, quand un pourcentage, même faible, du 1,4 milliard de Chinois est devenu suffisamment riche pour s'acheter ou plus souvent se faire acheter par son administration ou son entreprise une grosse voiture, ils ont préféré rouler en Audi ou en Mercedes plutôt qu'en Renault ou en Citroën. Bref, du fait de sa spécialisation particulière et ancienne, l'industrie allemande a pu profiter à plein de la formidable croissance de la Chine et des pays émergents depuis le début des années 2000.

Elle a aussi profité pleinement de l'élargissement à l'Est de l'Union européenne, engagé dans les années 1990 et concrétisé en 2004. Les industriels allemands ont en effet réussi davantage que les autres, et notamment que leurs homologues français, à prendre le contrôle du tissu industriel est-européen, le plus souvent sous-équipé et sous-capitalisé, pour l'intégrer à leurs chaînes de valeur. L'économie allemande exporte en effet deux fois plus de biens et services que celle de la France, mais elle en importe aussi quasiment deux fois plus… Grâce à la hausse massive de ces importations en provenance de ces pays à bas coûts, l'industrie allemande a pu, davantage que ses homologues française ou italienne, contrecarrer les effets de l'euro fort décrits précédemment sur la compétitivité coût de ses produits. Le développement de la sous-traitance de l'industrie allemande à l'est de l'Europe a de plus activement concouru à la désindustrialisation de la France dans la mesure où notre pays servait souvent lui-même antérieurement de sous-traitant à bas coûts pour l'industrie allemande… En France, nombreuses ont été les réflexions pour développer le même genre de relations que l'Allemagne et son hinterland d'Europe centrale avec l'autre rive de la Méditerranée, mais il n'a échappé à personne que, en termes de tradition industrielle et de stabilité politique, le Maghreb n'est pas équivalent à la Pologne ou la Tchéquie…

Enfin, la troisième caractéristique qui a permis à l'industrie allemande d'échapper à l'extinction de masse qui a frappé le reste de l'Europe occidentale, c'est la codétermination. Confrontée à la hausse massive des coûts salariaux relatifs en Europe, les dirigeants des entreprises industrielles françaises ont eu le réflexe de fermer toutes leurs usines sur le Vieux Continent pour s'approvisionner dans les pays à bas coûts. C'était l'époque où Serge Tchuruk, le patron d'une société qui s'appelait alors Alcatel et avait été longtemps un des piliers les plus solides de l'industrie française, défendait publiquement l'idée (absurde) que la société qu'il dirigeait devait devenir une « entreprise sans usines », se contentant de concevoir des produits et de les faire fabriquer par d'autres. Les industriels allemands n'ont jamais tenu un tel discours. D'abord parce qu'ils n'en ont tout simplement jamais eu la possibilité à cause de la gouvernance très particulière des entreprises d'outre-Rhin : depuis les années 1970, avec la codétermination, les représentants des salariés occupent 50 % des postes dans les conseils de surveillance des grandes entreprises aux côtés des représentants des actionnaires et les comités d'entreprise allemands ont un pouvoir de veto sur la plupart des décisions managériales importantes dans les usines. Autrement dit, même si les dirigeants allemands avaient voulu faire comme leurs homologues français et délocaliser massivement leur production, ils n'auraient jamais pu. Tout en développant la sous-traitance, notamment dans l'est de l'Europe, ils ont donc conservé une base industrielle solide en Allemagne même. Gerhard Schröder a certes profondément remis en cause le modèle social allemand, mais il n'avait pas osé, ou pas eu le temps, de remettre en cause la codétermination.

Bref, les trois raisons principales qui expliquent pour l'essentiel l'exception allemande en matière industrielle n'ont en réalité strictement rien à voir avec la politique néolibérale de Gerhard Schröder qu'Emmanuel Macron et ses prédécesseurs nous vantent depuis vingt ans[1].

1. Celles et ceux qui veulent en savoir plus à ce sujet peuvent se référer à Guillaume Duval, *Made in Germany, le modèle allemand au-delà des mythes,* éditions du Seuil, 2013.

Les élites françaises portent une responsabilité écrasante dans la désindustrialisation

L'ampleur de la débâcle industrielle de la France au cours des années 2000 tient cependant aussi beaucoup à d'autres ingrédients franco-français. Le premier concerne la très lourde responsabilité des dirigeants des grandes entreprises hexagonales. Il ne s'agit pas d'une somme de responsabilités individuelles mais bien d'une difficulté structurelle, systémique.

Tout d'abord, nos petits génies issus des grandes écoles que le monde entier nous envie, se sont mis à estimer dans les années 1980 que l'industrie c'était dépassé et se sont pris, comme cela été le cas aussi pour Emmanuel Macron, d'engouement pour les jeux de la finance. Ceux-ci présentaient il est vrai l'avantage annexe d'être beaucoup plus rémunérateurs pour ceux qui s'y adonnent.

Du coup, les polytechniciens en particulier, l'élite de nos ingénieurs que la nation fabrique à prix d'or (non seulement ils ne paient pas leurs études mais ils sont rémunérés pour les suivre) se sont détournés massivement de l'industrie pour s'engager dans la banque (et y causer quelques désastres). Contrairement à ce qui est le cas en Allemagne, les élites françaises sont d'abord des clercs, des bons élèves issus d'un système scolaire centré uniquement sur l'intellect. Ils n'ont jamais tenu en haute estime l'industrie et le travail de la matière mais cette fois, ils étaient définitivement devenus ringards à leurs yeux. Autant dire que, dans un pays comme la France, où cette aristocratie d'État fait la pluie et le beau temps, son sort était réglé.

Nous avons déjà souligné en effet au début de ce livre[1] combien la France de la cinquième République restait en réalité une démocratie inachevée, toujours dominée par un imaginaire largement resté monarchique et aristocratique, un travers aggravé depuis 2017 par la pratique du pouvoir d'Emmanuel Macron. Mais ces dysfonctionnements ne se contentent pas de handicaper gravement l'efficacité de l'action publique[2]. Ils concernent aussi le secteur privé. Par rapport à la plupart des autres pays développés, les entreprises françaises, et surtout les plus grandes d'entre elles, se caractérisent en effet par un management particulièrement hiérarchique et autoritaire. Dans quasiment aucun autre pays n'existe à ce point la figure du PDG tout-puissant. Il n'est soumis au contrôle que de contre-pouvoirs très limités, avec d'un côté des syndicats faibles et des instances de représentation du personnel dépourvues de réels moyens d'intervention et, de l'autre, des actionnaires qu'il manipule aisément en jouant sur l'asymétrie d'informations (il est seul à savoir ce qui se passe réellement dans l'entreprise). Ils peuvent compter aussi sur le copinage entre PDG et les participations croisées, sans oublier l'actionnariat salarié, très développé en France, qui n'a de « salarié » que le nom et n'est le plus souvent *de facto* qu'un outil supplémentaire de protection aux mains des cadres dirigeants des entreprises. Dans les pays germaniques ou nordiques, mais aussi en Italie ou en Espagne, les patrons doivent composer avec des syndicats puissants et unis, tandis

1. Voir chapitre 1, p. 8.
2. Voir chapitre 2, p. 39.

que dans les pays anglo-saxons ils doivent rendre des comptes à des actionnaires regardants et belliqueux. Il n'y a guère qu'en France qu'ils puissent continuer à faire autant la pluie et le beau temps sans contre-pouvoir réel.

Facteur aggravant : cette conception aristocratique et monarchique de la gouvernance d'entreprise se combine le plus souvent avec un mode de sélection des dirigeants archaïque et parfaitement inadapté. Contrairement à ce qui se passe dans la plupart des pays, il est très rare en effet qu'en France un dirigeant d'une grande entreprise soit issu du sérail, qu'il ait fait durablement ses classes au sein de l'entreprise qu'il est amené à diriger. Cela reflète bien d'ailleurs le mépris dans lequel les dirigeants des grandes entreprises françaises tiennent généralement leurs propres troupes. Quand une succession se produit, le nouveau dirigeant (il s'agit très très rarement d'une nouvelle dirigeante) vient le plus souvent de l'extérieur. Et cet extérieur a une lourde tendance à se situer parmi les grands corps de l'État, énarques ou polytechniciens, ceux issus en particulier du corps des Mines (polytechniciens qui ont fait une spécialisation à l'école des Mines) ou de l'Inspection générale des Finances (énarques qui grâce à leur bon classement de sortie sont entrés à Bercy). Ces dirigeants ont de plus très souvent une expérience en cabinet ministériel. Bref, le mode de cooptation consanguin des dirigeants de grandes entreprises françaises est lui aussi une des composantes majeures du fonctionnement resté aristocratique et féodal de la société française.

Cette manière de choisir les dirigeants des grandes entreprises françaises avait encore une certaine rationalité quand les principaux enjeux pour celles-ci consistaient à obtenir des commandes publiques, un financement privilégié par des banques publiques ou encore des avantages fiscaux ou réglementaires auprès de cet État. Mais, à l'heure de la mondialisation, ce mode de sélection des dirigeants devient le prélude logique à un désastre annoncé. Ne rien connaître aux produits et aux marchés sur lesquels opère l'entreprise qu'on dirige peut en effet ne pas être un obstacle majeur quand il s'agit de négocier avec son camarade de promotion à l'ENA ou à Polytechnique entre gens de bonne compagnie, mais quand il s'agit de vendre ces produits à des clients brésiliens ou chinois, le fiasco est programmé.

Et cela d'autant plus quand on n'a aucune conscience de ses propres limites parce que personne n'est autorisé à vous les rappeler au sein de l'entreprise du fait de sa gouvernance autocratique et parce que, depuis tout petit déjà, vous êtes vous-même persuadé d'être un génie dans tous les domaines parce que vous avez eu des bonnes notes à l'école. On aboutit logiquement à des aberrations comme les exploits de Jean-Marie Messier à la tête de Vivendi. Fraîchement débarqué du cabinet du Premier ministre Edouard Balladur, cet énarque et inspecteur des Finances se trouve parachuté à la tête d'une société qui vend surtout de la gestion de l'eau et des déchets aux collectivités territoriales, un champion mondial dans son domaine. Cela ne l'amuse pas beaucoup. Nous sommes en pleine *hype* d'Internet et de la high-tech au tournant des années 2000. Il se débarrasse donc de l'eau et des déchets tout en plombant durablement l'entreprise en question en lui refourguant toutes les dettes du groupe.

Et il part à l'assaut d'Hollywood et des États-Unis, dépensant sans compter l'argent des autres. Son conseil d'administration n'y trouve rien à redire, les médias admirent son audace et sa vista… mais après la crise financière de 2001, le château de cartes s'effondre, déclenchant une des faillites les plus retentissantes de l'histoire des entreprises françaises. Dans aucun autre pays au monde il n'aurait été possible qu'un dirigeant mène une stratégie aussi dépourvue de sens sans qu'aucune corde de rappel ne fonctionne… Et ce cas est très loin d'être isolé : Alcatel, Alsthom, Thomson… ce sont partout des dirigeants aux profils analogues qui ont conduit la plupart des grandes entreprises industrielles françaises au désastre.

Bref, si on cherche des causes franco-françaises particulières à l'ampleur exceptionnelle de la désindustrialisation que le pays a connue au cours des dernières décennies, ce n'est pas tant du côté des ouvriers, de leur coût et de leur paresse, qu'il faut les chercher que chez les dirigeants des grandes entreprises, la consanguinité de leur recrutement, l'inadéquation de leurs compétences aux exigences de la mondialisation et l'autocratie de leur mode de gouvernance des entreprises. Mais on ne peut évidemment pas demander à Emmanuel Macron, figure emblématique de ce milieu, de reconnaître les responsabilités de cette caste et d'en tirer les leçons… Ce dernier jouera d'ailleurs lui-même, en tant que secrétaire général adjoint de l'Élysée puis ministre de l'Économie de François Hollande, un rôle pour le moins trouble dans l'un des derniers épisodes de la saga du désastre industriel français avec le dépeçage du groupe Alstom au profit de l'américain General Electric.

Le rôle déterminant de la priorité donnée aux emplois à bas salaires

Au-delà de la responsabilité très lourde des dirigeants d'entreprise issus des élites administrativo-économiques françaises, une autre spécificité hexagonale a joué un rôle majeur dans la désindustrialisation du pays : la politique d'exemption des cotisations sociales sur les bas salaires, une politique qui a justement réuni les énarques de gauche et de droite dans une continuité remarquable depuis plus de trente ans maintenant. Une politique qu'Emmanuel Macron a poursuivie et amplifiée.

La protection sociale est financée pour l'essentiel par des cotisations sociales versées aux organismes de sécurité sociale par les entreprises en fonction des salaires qu'elles-mêmes versent à leurs employés. Ces versements peuvent prendre la forme de cotisations sociales dites salariales quand elles sont déduites du salaire brut affiché sur la feuille de paie du salarié, ou de cotisations sociales patronales, quand ces cotisations s'ajoutent au salaire brut de la feuille de paie. Cette distinction a son importance dans la négociation sociale et les rapports de force entre salariés et patrons, mais pour le financement de la protection sociale, ce n'est au final que l'ensemble que forme la somme des deux qui compte.

Au moment où la protection sociale a été créée, ces cotisations étaient souvent décroissantes en fonction du salaire parce que leur montant était plafonné, comme on disait à l'époque : à partir d'un certain seuil de salaires, on n'en versait plus davantage. Sur un plan strictement économique, cette manière de faire n'est pas absurde : les remboursements d'assurance maladie d'un cadre supérieur n'ont guère de raisons d'être beaucoup plus importants en moyenne que ceux d'un smicard. Mais dans les années 1970 et 1980, confrontés à la montée du chômage et à une demande croissante de « sécurité sociale », les pouvoirs publics ont remis en cause ce plafonnement afin d'accroître les recettes. Ce mouvement a abouti à la fin des années 1980 à des cotisations sociales quasiment intégralement proportionnelles aux salaires sur toute l'étendue de l'échelle des rémunérations.

Mais, au début des années 1990, l'échec face au chômage de masse devient patent dans une société française qui avait continué à croire jusque-là que la crise économique démarrée dans les années 1970 n'était qu'un mauvais moment à passer. On constate en particulier une montée continue du chômage de longue durée des personnes peu qualifiées. Les énarques de droite comme de gauche sont persuadés que cela vient surtout du fait qu'on ne crée plus suffisamment d'emplois peu qualifiés parce que le coût du travail peu qualifié est devenu trop élevé. Ces élites ne considèrent bien entendu jamais que les difficultés que rencontre l'économie française pourraient peut-être provenir de leurs propres erreurs et insuffisances comme nous venons de l'évoquer : si cela va mal, c'est forcément de la faute du peuple qui est trop bien payé et trop paresseux.

Simplement, abaisser les salaires nets versés aux employés du bas de l'échelle sociale, ce ne serait pas une politique excessivement populaire et, dans un régime de suffrage universel, ce serait à coup sûr une politique électoralement suicidaire. Il y a cependant une manière relativement indolore de parvenir au même résultat: réduire les cotisations sociales patronales à proximité du SMIC. Et à partir du début des années 1990, tous les gouvernements successifs, qu'ils soient de droite comme de gauche, mèneront cette même politique avec une continuité tout à fait remarquable. Au point qu'il n'existe quasiment plus aujourd'hui de cotisations sociales patronales au niveau du SMIC.

Et cette politique a été très efficace quantitativement: en France on a créé depuis trente ans beaucoup d'emplois de smicards. Quasiment tous les pays européens ont aujourd'hui un SMIC à l'exception des plus sociaux d'entre eux, les pays nordiques et l'Autriche, où le poids des syndicats reste suffisant pour empêcher les dérives dans le bas de l'échelle des salaires. Mais parmi tous les pays qui ont un SMIC, la France est un de ceux où on dénombre le plus de smicards et où la répartition des salaires est le plus concentrée vers le bas.

Mais cela n'a aucunement réglé la question de l'emploi des personnes peu qualifiées: pour elles, le chômage de longue durée reste toujours une épreuve aussi fréquente et douloureuse. Parce que si les emplois mal payés se sont en effet multipliés, il ne faut pas les confondre avec des emplois désignés souvent abusivement comme « peu qualifiés »: dans tous les métiers aujourd'hui, même quand ils sont payés au SMIC, il faut nécessairement savoir lire, écrire, compter, se servir d'un ordinateur et d'un téléphone portable, interagir calmement et efficacement avec des clients ou avec des collègues… Et si certaines personnes ne possèdent pas ou plus ces qualifications parce qu'elles sont restées trop longtemps au chômage, leur trouver un emploi n'est pas au premier chef une question de coût du travail. Il faut forcément les former et les accompagner longuement pour revenir sur le marché du travail. Cela a certes un coût élevé mais il n'y a pas d'échappatoire…

Politique éducative contre politique de l'emploi

De plus, dans un contexte de chômage de masse, joue toujours un effet de file d'attente : ce sont souvent des jeunes relativement qualifiés qui ont occupé ces emplois mal payés qu'on a créés en masse. Et cela d'autant plus que politiques de l'emploi et politiques éducatives ont été diamétralement opposées pendant plusieurs décennies : pendant que les politiques de l'emploi visaient à créer en priorité des emplois mal payés, les politiques éducatives visaient au contraire à élever le niveau de formation initiale des Français en portant 80 % d'une classe d'âge au bac et en poussant une part croissante des jeunes vers les études supérieures.

Cette politique éducative a, elle aussi, été menée avec beaucoup de continuité par-delà les alternances politiques. La France était en effet très retard sur ce plan : dans les années 1970 seule une petite minorité de la population accédait au baccalauréat et une proportion encore plus faible poursuivait dans l'enseignement supérieur. Cette proportion était en particulier nettement moindre qu'aux États-Unis et dans les pays germaniques ou nordiques de tradition protestante, qui avaient été alphabétisés bien avant les pays catholiques d'Europe du Sud. Ce qui contribue à expliquer en particulier l'avance qu'ils ont pu prendre dans la révolution industrielle.

Il était donc parfaitement justifié de vouloir rehausser le niveau de qualification des Français. C'est aujourd'hui largement chose faite et c'est très bien ainsi : la proportion des jeunes poursuivant des études supérieures est désormais plus importante en France qu'aux États-Unis ou en Allemagne. Pour autant, cette politique a été menée dans de très mauvaises conditions du fait des tropismes à la fois élitistes et austéritaires de nos chers énarques. D'une part, ce mouvement massif ne s'est pas accompagné durablement d'un effort budgétaire suffisant en faveur de l'éducation. La part du PIB que nous y consacrons est au contraire en baisse quasi continue depuis le milieu des années 1990. Ce qui a abouti à ce que les enseignants français figurent désormais parmi les plus mal payés des pays de l'OCDE, le club des pays riches. Tandis que les universités, qui ont vu affluer des étudiants beaucoup plus nombreux, ont été gravement paupérisées avec une dépense par étudiant qui n'arrête pas de baisser année après année depuis 2009.

Les effets délétères de cette austérité ont été aggravés par le prisme élitiste de nos dirigeants, de droite comme de gauche. La généralisation de l'accès au baccalauréat et la massification de l'enseignement supérieur ne se sont aucunement accompagnées en effet d'une modification de la logique antérieure du système éducatif : son but, son objectif central, sa raison d'être est et reste toujours de sélectionner par l'échec des autres la toute petite minorité qui ira à l'ENA, à Polytechnique et à HEC.

Du coup, les filières qui accueillent cette élite restent bien dotées, tandis qu'aucun effort réel n'est fait pour assurer également le succès des autres. L'université comme l'enseignement professionnel sont laissés à l'abandon, quasiment aucun effort n'est réellement fait pour corriger les inégalités sociales au niveau des écoles maternelles ou primaires. Les écoles et les collèges des «quartiers difficiles» héritent systématiquement des enseignants précaires ou des enseignants débutants... D'où des difficultés majeures en termes d'apprentissages pour les enfants des couches populaires. Moyennant quoi, étude PISA après étude PISA, l'OCDE montre que le système scolaire français est un de ceux parmi les pays de l'OCDE qui reproduit le plus les inégalités sociales de départ.

En dehors du dédoublement des classes en cours préparatoire, une mesure certes importante, Emmanuel Macron et Jean-Michel Blanquer n'ont quasiment rien entrepris pour contrer ces dysfonctionnements et changer la logique du système éducatif français. Rien d'étonnant: ils sont les purs produits et bénéficiaires de cette logique inégalitaire et antiredistributrice. Les mesurettes prises pour permettre à quelques lycéens issus des quartiers populaires d'accéder à Sciences Po ou à d'autres grandes écoles ne sont en réalité qu'un moyen de relégitimer suffisamment ce système élitiste pour pouvoir le perpétuer en continuant de négliger les autres filières de formation.

Ce fiasco éducatif pose tout d'abord un problème majeur en termes de justice: il contribue beaucoup au sentiment d'abandon qu'éprouvent les classes populaires et à la délégitimation de la gauche et de la droite de gouvernement. Mais il pose aussi de graves problèmes économiques : les pays qui s'en sortent le moins mal dans cette mondialisation mal régulée grâce à la high-tech et à l'innovation sont aussi les pays qui investissent le plus dans la réussite éducative de tous et toutes et pas seulement dans celle de l'élite comme c'est le cas en particulier dans les pays nordiques…

Moyennant quoi, pendant que les politiques de l'emploi visaient donc à développer en priorité les emplois peu qualifiés et mal payés, les politiques éducatives visaient au contraire à élever le niveau de diplôme de la jeunesse française. Ces deux politiques parfaitement contradictoires, menées toutes deux avec beaucoup de continuité au-delà des alternances, sont entrées en collision frontale. Elles ont entraîné en particulier un profond sentiment de déclassement dans la jeunesse qui est à l'origine de tensions sociales et politiques persistantes au sein de la société française. Et cela d'autant plus que la politique de baisse du coût du travail à proximité du SMIC a enfermé celles (ce sont surtout des femmes en effet) et ceux qui les occupent dans une « trappe à bas salaires » : il n'y a, nous l'avons dit, quasiment plus de cotisations sociales patronales au niveau du SMIC, mais dès qu'on s'en éloigne ce taux de cotisation remonte rapidement. Autrement dit, si un patron qui a embauché un smicard veut l'augmenter de 10 % parce qu'il est très satisfait de son boulot, le coût du travail supplémentaire qu'il devra acquitter augmentera de significativement plus que 10 %. Dissuasif : non seulement les jeunes, plus qualifiés que leurs aînés, sont embauchés au SMIC, mais en plus ils y restent parce que le système d'exonération de cotisations sociales au niveau du SMIC dissuade leurs patrons de les augmenter.

Cette profonde mutation du financement de la protection sociale n'a pas eu cependant que des inconvénients : elle a rendu le système socio-fiscal français beaucoup plus redistributif. Aujourd'hui, en effet, ce sont en pratique les cotisations sociales des cadres qui paient l'assurance maladie des smicards dont les employeurs ne participent quasiment plus au financement de la Sécurité sociale. Mais cette redistributivité accrue a eu aussi des effets intersectoriels importants qui ont contribué puissamment à la désindustrialisation du pays.

Les emplois de smicards se concentrent en effet surtout dans le secteur des services, le secteur industriel se caractérise au contraire, en France comme dans la plupart des pays développés, par des emplois en moyenne plus qualifiés et mieux payés. Exonérer les emplois à bas salaires de cotisations sociales tout en maintenant un haut niveau de protection sociale, cela implique d'accroître les cotisations sociales, et donc le coût du travail, de l'emploi qualifié. Aujourd'hui, le secteur de l'industrie manufacturière consacre de ce fait aux cotisations sociales patronales une proportion nettement plus importante de sa valeur ajoutée, 13,8 % au premier trimestre 2021 selon l'Insee, que celui des services marchands, 10,9 %.

Autrement dit, abaisser le coût du travail à proximité du SMIC, comme cela a été fait à grande échelle en France depuis trente ans, revient à faire subventionner le secteur des services par celui de l'industrie manufacturière…

Quand on compare le coût du travail d'un ingénieur français à celui de son homologue allemand, il est en effet, du fait de cette stratégie, nettement supérieur, alors que c'est l'inverse quand on compare ceux des ouvriers : en agissant ainsi, on a donc créé un réel handicap structurel pour le travail qualifié en France. Nos énarques ont eu des bonnes notes à leurs examens, mais cela ne signifie manifestement pas qu'ils soient réellement très intelligents : il s'agit évidemment d'une stratégie contre-productive pour l'industrie française dans le contexte de la mondialisation. C'est elle en effet qui est le plus soumise à la concurrence internationale, alors que le secteur des services en reste nettement plus protégé pour l'instant, mais c'est à cette industrie qu'on demande en pratique de subventionner le secteur des services…

Conjuguée aux erreurs stratégiques à répétition des dirigeants des grandes entreprises françaises parachutés de la haute fonction publique, cette politique de l'emploi ne pouvait guère avoir d'autres effets que d'accélérer la désindustrialisation. Mais quand on est convaincu que tous les problèmes de la société ne peuvent provenir que des insuffisances des personnes qui se situent au bas de l'échelle sociale, il reste difficile de se rendre à l'évidence.

Pendant plusieurs décennies, l'échec patent de cette politique a été mis sur le compte du fait qu'on n'était pas encore allé assez loin et assez fort dans cette direction. Et du coup on rajoutait une louche d'exonérations de cotisations sociales sur les bas salaires. Au bout d'un moment, le caractère contre-productif de cette politique a néanmoins fini par affleurer à la conscience de nos élites. Ce fut en particulier un des mérites du rapport rendu en 2017 par Louis Gallois, ancien président d'Airbus, de mettre en évidence le fait que l'industrie française était lourdement pénalisée par cette politique publique. Pourtant, les recommandations de Louis Gallois n'ont une fois de plus pas été entendues et depuis, sous l'impulsion notamment d'Emmanuel Macron, on a continué à privilégier les politiques d'exonération de cotisation sociales sur les bas salaires.

Outre l'aveuglement idéologique lié aux préjugés élitistes déjà mentionnés, la sociologie politique explique aussi qu'il soit difficile de faire marche arrière : dans un pays où le secteur des services marchands représente désormais 57 % de la richesse produite tandis que l'industrie manufacturière n'en pèse plus que 11 %, chaque député, chaque élu local a dans sa circonscription beaucoup plus d'employeurs du secteur des services – des patrons de supermarché, des restaurateurs… – que d'industriels, et inverser une politique qui favorise le secteur des services au détriment de l'industrie est évidemment devenu difficile à « vendre » politiquement. Moyennant quoi, les mesures prises dans ce domaine par Emmanuel Macron depuis le début de son quinquennat ont consisté surtout à prolonger et amplifier encore cette politique, notamment avec la transformation du crédit d'impôt compétitivité emploi (CICE), mis en place sous François Hollande, en une baisse permanente des cotisations sociales patronales.

Les Français ne sont pas des paresseux

Euro fort, management dysfonctionnel des grandes entreprises, politique de l'emploi contre-productive et défavorable à l'industrie, nous n'avons pas encore abordé à ce stade la question qui donne son titre à ce chapitre et constitue pour tous les néolibéraux français la cause principale de nos malheurs : le temps de travail insuffisant des Français. Ce serait en effet l'ampleur excessive de leurs loisirs, leur paresse encouragée par des politiques publiques irresponsables, principalement la loi sur les 35 heures adoptée en 1998, qui serait à l'origine du « déclin de la France ».

Sur ce terrain, bien que venant d'une gauche qui avait été à l'origine de cette mesure, Emmanuel Macron est pleinement en accord avec ceux qui veulent absolument faire travailler les Français plus longtemps chaque semaine, chaque année, durant toute leur vie. Il est manifestement beaucoup plus proche sur ce sujet de son prédécesseur et ami Nicolas Sarkozy que de Lionel Jospin et Martine Aubry.

Pour lui comme pour la plupart de celles et ceux qui sont focalisés sur cette question, l'allongement du temps de travail est aussi et surtout un moyen privilégié de faire baisser le coût du travail des Français : baisser le salaire versé pour un emploi donné serait évidemment une démarche très impopulaire. Elle risquerait de déclencher des mouvements sociaux violents et de vous faire perdre des élections. Allonger le temps de travail sans augmenter les salaires de façon correspondante en supprimant des congés, des RTT, des jours fériés… permet d'aboutir exactement au même résultat de manière, en apparence du moins, beaucoup plus indolore. C'est pourquoi, au-delà du discours moralisateur sur la « valeur travail », cette question occupe une place centrale dans le discours de celles et ceux qui, comme Emmanuel Macron, considèrent que le coût trop élevé du travail des Français est une des principales causes de nos difficultés économiques et sociales.

Mais qu'en est-il réellement de l'exception française en matière de temps de travail ? Tout d'abord, si la paresse des Français était vraiment le principal problème que rencontre l'économie française, cela devrait se refléter immédiatement dans une statistique : celle de la productivité. Les Français devraient en effet se retrouver tout en bas du classement quand on mesure la quantité de richesses qu'une personne qui occupe un emploi produit chaque année dans les différents pays développés. Or ce n'est (absolument) pas le cas.

Selon les données publiées par la Commission européenne, un Français qui occupe un emploi a produit en 2019, dernière année « normale », 11 % de richesse de plus qu'un Britannique, 12 % de plus qu'un Allemand, 21 % de plus qu'un Italien, 27 % de plus qu'un Japonais, 39 % de plus qu'un Espagnol, 57 % de plus qu'un Coréen, 107 % de plus qu'un Tchèque, 161 % de plus qu'un Polonais, 252 % de plus qu'un Turc… Autrement dit, loin d'être des paresseux invétérés, les travailleurs français ont plutôt le problème inverse : malgré les 35 heures et les 5 semaines de congés payés, ils sont plutôt trop productifs quand ils ont un emploi, ce qui contribue à expliquer que nous ayons parallèlement beaucoup de chômeurs. Si nous étions aussi peu productifs que des Allemands, nous aurions en effet, avec la même quantité de richesse produite qu'aujourd'hui, 3 470 000 emplois de plus. Autrement dit, quasiment plus de chômage…

Si on s'intéresse plus directement au temps de travail lui-même, qu'observe-t-on ? La comparaison internationale de ces temps de travail est une question délicate, car le temps de travail officiel affiché par les entreprises ou prévu par les lois n'a souvent qu'un lointain rapport avec la réalité. La source la plus fiable actuellement disponible est l'enquête européenne sur les forces de travail, effectuée en France par l'Insee depuis 1950 sous le nom d'« Enquête emploi ». C'est une enquête très lourde : chaque trimestre, l'Insee vient enquêter dans 92 000 foyers. Et la proportion est la même chez nos voisins.

Parmi les questions posées figure celle du temps de travail effectivement réalisé par les personnes interrogées durant une semaine donnée, dite de référence. Qu'observe-t-on si on compare les résultats enregistrés en 2019 (pour ne pas tenir compte de l'impact de la crise du COVID-19 qui a fortement perturbé la vie de travail en 2020) ? Les salariés français disent avoir travaillé en moyenne cette année-là 34,8 heures par semaine. C'est quasiment la moyenne de la zone euro, 34,9 heures. Et surtout, c'est davantage que dans la plupart des pays qu'on nous a régulièrement donnés comme modèles toutes ces dernières années. Nous travaillons plus que les Nordiques, Suédois (34,6 heures) et surtout Danois (32,9 heures).

Emmanuel Macron et les autres sociaux-libéraux nous ont régulièrement vanté le « modèle danois » pour justifier d'alléger les contraintes en matière de licenciement au moment du vote des lois Macron et Travail, adoptées sous la présidence de François Hollande. S'ils souhaitaient vraiment que nous nous rapprochions du «modèle danois», ils devraient nous proposer aussi de diminuer encore plus le temps de travail des Français… De même, malgré les réformes Schröder, les salariés français travaillent significativement plus longtemps chaque semaine que leurs homologues allemands: 34,8 heures contre 34,1. En Europe, ce sont surtout les salariés néerlandais qui détiennent le record de la «paresse», avec 30,6 heures de travail «seulement» en moyenne par semaine. Quand on connaît un peu les Pays-Bas et leur histoire, ce berceau du capitalisme, de la finance moderne et de la mondialisation, cela fait vraiment sourire de savoir que, pour Nicolas Sarkozy, Emmanuel Macron et leurs amis, il s'agirait pourtant d'un véritable enfer, du champion du monde des pays qui ruinent leur économie en méprisant la «valeur travail»…

Il existe en revanche des pays d'Europe où les salariés travaillent nettement plus longtemps que chez nous. Il s'agit de la Turquie (45,6 heures par semaine), de la Roumanie (40,6 heures), de la Hongrie (38,1 heures) ou encore de la Grèce (37,8 heures). Si on suit les recommandations des – nombreux – promoteurs du «travailler plus» dont fait partie Emmanuel Macron, il s'agirait donc de rapprocher la France de ce groupe de pays en l'éloignant davantage encore des Pays-Bas, des pays nordiques et de l'Allemagne. Difficile de considérer qu'il s'agirait là d'un progrès pour le pays. Sur le plan social bien sûr, mais aussi sur le plan économique: les pays qui innovent le plus, ceux qui s'en sortent le moins mal dans la mondialisation sont plutôt justement ceux où on travaille en moyenne le moins longtemps chaque semaine, contrairement à ce que non seulement le bon peuple croit souvent à tort mais aussi les énarques très intelligents qui nous dirigent…

Mais comment se fait-il au juste que la France soit simplement dans la moyenne européenne en matière de temps de travail alors qu'elle est seule à s'être dotée d'une législation instituant une semaine de 35 heures à l'échelle nationale (même si celle-ci a largement été vidée de son contenu depuis vingt ans grâce aux efforts conjoints de la droite conservatrice et de la gauche sociale-libérale sous l'impulsion notamment d'Emmanuel Macron) ? Les statistiques évoquées précédemment concernent l'ensemble des salariés. Si on distingue, d'une part, ceux qui travaillent à « plein temps » et, d'autre part, les salariés « à temps partiel », les choses sont différentes.

Si on ne considère que les salariés à « temps plein », l'affaire est entendue : les Français sont de loin ceux qui travaillent le moins longtemps en Europe. Alors que la moyenne était en 2019 de 39,1 heures par semaine dans l'Union européenne et 38,9 heures dans la zone euro, ils n'ont travaillé quant à eux « que » 37,5 heures. C'est 2,4 heures de moins chaque semaine que leurs homologues allemands, ou 3 heures de moins que les Britanniques. Un écart important. C'est en général la seule statistique que publient et comparent la plupart des médias et, bien évidemment, tous les néolibéraux qui, à l'instar de Nicolas Sarkozy et Emmanuel Macron, veulent absolument mettre fin à ce scandale.

Mais si on s'intéresse aux salariés, ou plutôt aux salariées, nous y reviendrons, qui travaillent « à temps partiel », la situation s'inverse. Avec une durée du travail de 22,5 heures en moyenne par semaine, les salariées françaises se situent nettement au-dessus de la moyenne européenne, qui est de 21 heures. Elles travaillent en particulier en moyenne 2,6 heures de plus que leurs homologues allemandes et 2,7 heures de plus que les Britanniques chaque semaine. De plus, la proportion des salariés à temps partiel, bien qu'en croissance, reste en France significativement plus faible que dans le reste de l'Europe. Elle était en effet en 2019 de 17,5 % en France, contre 21,4 % dans la zone euro. Et surtout de 24,4 % au Royaume-Uni, 27,2 % en Allemagne et 50,2 % aux Pays-Bas.

C'est la combinaison de ces deux caractéristiques qui explique la spécificité française : un temps de travail à temps plein le plus court d'Europe + un temps de travail à temps partiel plus long que la moyenne + une proportion de travail à temps partiel inférieur à la moyenne = un temps de travail global dans la moyenne européenne.

Est-ce que c'est grave, docteur, qu'il y ait moins de personnes qui travaillent à temps partiel en France que dans les autres pays ? Non, pas du tout, au contraire. Toutes celles et tous ceux qui emploient beaucoup de salariés à temps partiel vous le diront : gérer des temps partiels cela représente autant de travail que de gérer un salarié à temps plein. Il faut publier des annonces d'emploi, faire des entretiens d'embauche, éditer des fiches de paie… Autrement dit, les coûts administratifs nécessairement associés à chaque salaire versé sont plus importants en proportion que pour des salariés à temps plein. La coordination entre les personnes travaillant à temps partiel est aussi toujours plus compliquée à organiser, leur implication dans l'entreprise est plus faible... Bref, il n'y a aucune raison de penser qu'une forte proportion de salariés à temps partiels puisse être un plus pour une économie, au contraire, et il n'est guère surprenant que les salariés français soient en moyenne nettement plus productifs que ceux des pays où le temps partiel est plus répandu.

La question centrale des rapports hommes-femmes

La question de l'arbitrage temps plein/temps partiel et des durées du travail associées à chacun des deux statuts ne répond cependant pas véritablement à une logique imposée par la sphère économique. Elle relève avant tout de la façon dont les différentes sociétés conçoivent et organisent les rapports hommes-femmes et leurs places respectives dans la division du travail, non seulement rémunéré mais aussi domestique.

Selon Eurostat, un homme salarié français travaille en moyenne chaque semaine 0,8 heure de moins que la moyenne de la zone euro, une heure de moins que son homologue allemand, 1,2 heure de moins qu'un Italien, 2,5 heures de moins qu'un Britannique. Tandis qu'au contraire une femme salariée française travaille une heure de plus que la moyenne de la zone euro, 1,2 heure de plus qu'une Britannique, 2,7 heures de plus qu'une Allemande et 6,6 heures de plus qu'une Néerlandaise... L'écart du temps de travail hebdomadaire moyen entre les hommes et les femmes qui occupent un emploi salarié est de 4,1 heures en France. Il est de 5,4 heures en moyenne dans la zone euro, de 7,8 heures en Allemagne et au Royaume-Uni et 8,7 heures aux Pays-Bas. La France ne figure pas cependant parmi les pays les plus égalitaires sur ce plan. Ces écarts sont en effet significativement inférieurs tant dans les pays nordiques que dans la plupart des pays d'Europe centrale et orientale, y compris la très chrétienne Pologne.

Autrement dit, si les autres pays européens de niveau de développement comparable ont souvent moins de chômage que nous, c'est surtout parce qu'ils ont bien souvent développé plus que nous le travail à temps partiel féminin, et qui plus est le travail à temps très partiel. La France n'est pas un champion de l'égalité hommes-femmes. Ni sur le marché du travail, où ces inégalités sont moindres dans les pays nordiques et dans ceux d'Europe centrale et orientale, ni au niveau du travail domestique, où les écarts d'implication des hommes et des hommes ne se réduisent que très lentement. Pour autant, le modèle de société choisi tant par les pays anglo-saxons que germaniques, où les hommes travaillent à temps plein plus longtemps qu'en France, tandis que les femmes travaillent à temps partiel, et souvent très partiel et très mal payé, n'est pas acceptable pour la société française. Et heureusement, car il va de pair avec des inégalités entre hommes et femmes encore très supérieures à celles que nous connaissons.

Or c'est seul ce choix de société inégalitaire qui permet à nos voisins d'afficher de meilleurs résultats que nous en matière de chômage grâce à une productivité plus faible que la nôtre (pour produire 1 000 euros de richesse, il faut mobiliser plus d'emplois en Allemagne ou au Royaume-Uni qu'en France). Si on refuse ce modèle de société encore plus inégalitaire que le notre entre les hommes et les femmes, ce qui est éthiquement et politiquement parfaitement juste, il faut donc trouver d'autres moyens de sortir d'une situation absurde où les Français qui ont un emploi figurent parmi les plus productifs au monde, tandis que la France figure aussi parmi les pays développés où le chômage est le plus important.

Le meilleur moyen d'y parvenir c'est de réduire le temps de travail à temps plein des hommes et des femmes. Et cela a été la logique du passage aux 35 heures au tournant des années 2000. Grâce à cela en particulier, la différence de temps de travail entre les hommes et les femmes qui occupent un emploi salarié s'est réduite en France de 2,5 heures entre 1997 et 2019 alors qu'elle n'a diminué que de 0,4 heure en Allemagne et qu'elle a augmenté en Espagne ou en Italie. Les 35 heures ont été, on pourrait presque dire avant tout, une avancée en matière d'égalité hommes-femmes, un moyen de sortir du modèle archaïque de l'homme qui travaille très longtemps pour gagner la croûte du ménage pendant que la femme s'occupe de la cuisine et des enfants. Un modèle qui reste fondamentalement celui des pays qui privilégient le développement du temps partiel féminin.

Le succès des 35 heures

Nous avons déjà vu plus haut que ce choix n'a pas eu comme conséquence d'alourdir le coût du travail en France vis-à-vis des autres Européens, contrairement à ce que prétendent faussement ses adversaires comme Emmanuel Macron et le reste de la droite. Le maintien des salaires nets malgré la réduction du temps de travail a été compensé en effet par une baisse des cotisations sociales. Mais grâce aux nombreuses embauches réalisées, deux millions d'emplois supplémentaires entre 1998 et 2002, cette baisse des cotisations sociales n'a pas entraîné de déficit des comptes sociaux. Bien au contraire, ils ont été rééquilibrés grâce aux 35 heures ainsi que l'ensemble des comptes publics. Depuis 1990, le gouvernement de Lionel Jospin a été le seul à faire reculer le taux d'endettement public de la France rapporté à son PIB. Les gens de droite, et parmi eux Emmanuel Macron, prétendent toujours que s'ils veulent réduire les prestations sociales, c'est parce qu'ils préfèrent créer des emplois et verser des salaires que d'entretenir des personnes qui ne travaillent pas, mais les seuls qui aient réellement réussi à transformer à grande échelle des cotisations sociales en salaires nets dans ce pays, ce sont ceux qui ont mis en place les 35 heures.

Le passage aux 35 heures a aussi été en réalité favorable à la compétitivité industrielle du pays, contrairement à ce qu'affirment ses adversaires. Comment est-ce possible ? Parce qu'il a été associé à une réorganisation du travail qui a permis d'augmenter de l'ordre de 10 % le temps d'utilisation des machines dans l'industrie, en créant des nouvelles équipes et en élargissant l'amplitude horaire de travail. Dans des industries qui mobilisent presque toutes désormais beaucoup de capital, pouvoir produire 10 % de biens en plus sans avoir besoin d'investir un euro supplémentaire en machines, cela revient à faire baisser significativement les coûts de production. Après la mise en place des 35 heures, les parts de marché industrielles de la France se sont redressées ainsi que ses comptes extérieurs. Ce n'est qu'ultérieurement, du fait de la hausse de l'euro vis-à-vis du dollar, évoquée précédemment, que la situation s'est de nouveau dégradée fortement sur ce plan.

Bref le passage aux 35 heures au tournant des années 2000 a été un franc succès tant social qu'économique. Pourquoi n'est-ce pas le cas sur le plan politique ? Pourquoi cette réforme a-t-elle eu aussi mauvaise presse et garde-t-elle toujours une mauvaise image vingt ans plus tard, au point que plus personne à gauche n'ose vraiment remettre le sujet de la réduction du temps de travail sur la table ? C'est le résultat d'un problème classique : la solidarité est une idée généreuse et largement partagée, sa mise en pratique concrète est toujours beaucoup plus difficile à « vendre ». Au pied du mur de la solidarité beaucoup renâclent.

Réduire le temps de travail, cela implique en effet nécessairement sinon de réduire du moins de bloquer les salaires mensuels de celles et ceux qui ont déjà un emploi. De plus, pour amortir les surcoûts, on réorganise le travail, on flexibilise sa gestion, on s'efforce d'accroître sa productivité… Bref, celles et ceux qui avaient déjà un emploi sous-estiment bien souvent le plus que leur apporte le fait d'avoir plus de temps pour eux (sauf quand on veut leur retirer leurs jours de RTT) et ressentent en général surtout une dégradation de leurs conditions d'emploi. En réduisant le temps de travail on fait donc en quelque sorte nécessairement 20 millions de malheureux. En face il y a bien les 2 millions d'heureux qui ont retrouvé un emploi grâce aux 35 heures, mais trois mois après avoir été embauchés, eux-mêmes protestaient probablement avec leurs nouveaux collègues contre les salaires bloqués et les cadences infernales…

La réduction du temps de travail est en résumé une illustration parfaite d'une difficulté classique mise en évidence par la théorie des jeux: l'optimum pour l'ensemble de la société – moins de chômage, des comptes publics équilibrés, une compétitivité industrielle améliorée – ne correspond pas forcément à l'optimum pour chacun des individus qui la composent… Pour résoudre cette contradiction entre le micro et le macro, il faut des «corps intermédiaires» puissants, des partis et des syndicats capables d'expliquer à chacun le lien qui existe entre le niveau global et le niveau individuel. Il faut en effet faire comprendre à chacun que certes, à cause de la réduction du temps de travail, son salaire est bloqué et la pression à la productivité s'est un peu accrue, mais que c'est aussi grâce à cela que son ami ou son cousin n'est plus au chômage et que les comptes publics sont rétablis. Or en France (voir p. 24) ces corps intermédiaires sont particulièrement faibles et incapables de réaliser ce travail pédagogique indispensable… D'où la multiplication et la prégnance des «fake news» au sujet du bilan des 35 heures.

Il n'en reste pas moins que, dans un pays qui compte toujours 6,4 millions de personnes inscrites à Pôle emploi et qui, après la crise engendrée par l'épidémie de COVID-19, risque de voir beaucoup d'entreprises en difficulté suite au retrait progressif des mesures de soutien mises en place, l'idée centrale, pour Emmanuel Macron comme pour l'ensemble de la droite, qu'il faudrait absolument allonger encore le temps de travail de celles et ceux qui ont déjà un emploi est simplement une idée stupide qui ne peut qu'aggraver la situation économique, sociale et politique du pays. Que ce soit celle de sa jeunesse qui ne pourra pas trouver suffisamment d'emplois pour s'insérer rapidement sur le marché du travail ou celles des seniors, qui une fois mis sur la touche sont condamnés dans un tel contexte à s'enfoncer dans le chômage de longue durée et l'exclusion progressive.

Cette obsession malsaine du travailler plus empêche de s'attaquer au chômage de masse et porte une lourde responsabilité dans la montée de la défiance dans ce pays. En la poursuivant, Emmanuel Macron nous conduit dans le mur.

ERREUR N° 4
« Il faut diminuer les impôts des plus riches »

C'est la marque de fabrique d'Emmanuel Macron, son mythe fondateur. En 2017, toutes affaires cessantes, la première action qu'il avait entreprise quand il était arrivé à l'Élysée avait consisté à supprimer l'impôt de solidarité sur la fortune (ISF). Un impôt créé, tout aussi symboliquement, en 1982, au tout début du mandat de son lointain prédécesseur François Mitterrand, le premier président de gauche de la cinquième République. Depuis, en dehors d'un bref épisode entre 1986 et 1988, personne n'avait osé le supprimer malgré le lobbying et les lamentations incessantes des plus riches. Ni Edouard Balladur, ni Jacques Chirac, ni Alain Juppé, ni Dominique de Villepin, ni François Fillon, ni même Nicolas Sarkozy. Emmanuel Macron l'a fait.

La théorie du ruissellement ne fonctionne pas

Nous reviendrons sur cette affaire de façon plus détaillée ultérieurement, mais cette action forte et symbolique situe clairement Emmanuel Macron dans le courant de pensée dominant depuis quarante ans et l'arrivée au pouvoir de Margaret Thatcher au Royaume-Uni en 1979 et de Ronald Reagan aux États-Unis en 1981. Celui qui rassemble en effet celles et ceux pour qui le dynamisme d'une économie, sa capacité à innover dépendent en premier lieu de la capacité des plus riches à conserver leurs revenus et leur patrimoine. Ce qui implique de limiter les politiques de redistribution via la fiscalité. Il ne s'agit pas en théorie de chercher à accroître les inégalités. Cette redistribution est censée en effet se produire désormais d'elle-même, via les mécanismes de marché : si on les laisse disposer de leur revenus et de leur patrimoine, les riches peuvent créer plus de produits innovants et d'entreprises nouvelles, ce qui crée davantage d'emplois et profite donc *in fine* à toute la société où les jobs se multiplient et les revenus augmentent. *A contrario*, les politiques de redistribution des richesses via la fiscalité, sous leur apparence de justice, pénaliseraient en réalité les plus pauvres parce qu'elles décourageraient l'esprit d'entreprise et freineraient l'activité économique.

Ces politiques ont été mises en œuvre à grande échelle dans tous les pays développés depuis le début des années 1980 : elles étaient au cœur en effet de ce qu'on a appelé le consensus de Washington établi entre le Fonds monétaire international, la Banque mondiale et le gouvernement des États-Unis. Et le résultat a été spectaculaire :

le taux marginal de l'impôt sur le revenu, c'est-à-dire le taux d'imposition que paient les plus riches sur les derniers dollars ou euros qu'ils touchent, qui était de 90 % aux États-Unis depuis les années 1940 jusqu'aux années 1980, est tombé désormais sous les 40 %. Et encore il s'agit d'un taux théorique : les plus riches bénéficient de nombreuses exemptions fiscales.

Les effets de ces politiques sur l'accroissement des inégalités dans tous les pays développés ont été abondamment documentés, notamment par des économistes français comme Thomas Piketty, Emmanuel Saez ou Gabriel Zucman. Ils ont été particulièrement spectaculaires aux États-Unis. Selon les données rassemblées par Emmanuel Saez et Gabriel Zucman, alors que les revenus des 50 % des Américains du bas de l'échelle n'ont progressé que de 30 % entre 1970 et 2018, ceux des 1 % les plus riches ont été multipliés par 3,5 et ceux des 0,01 % les plus riches par 6,6… Les 0,1 % les plus riches qui recevaient moins de 1 % des revenus totaux aux États-Unis au début des années 1970, en touchaient plus de 5 % en 2015… Cette inégalité croissante des revenus s'est traduite par une concentration des patrimoines encore plus spectaculaire : les 0,1 % des Américains les plus riches détenaient le quart du du patrimoine des ménages des États-Unis dans les années 2010, contre 7 % à la fin des années 1970.

Autrement dit : il n'y a eu en réalité aucun ruissellement, seulement un accroissement des inégalités. Il n'y a pas eu davantage d'ailleurs d'accélération de la croissance économique. L'économie américaine, qui est pourtant restée une des plus dynamiques du monde occidental, qui s'accroissait à un rythme supérieur à 4 % par an depuis 1945 jusqu'en 1975, les fameuses « Trente Glorieuses », ne croît plus qu'à moins de 2 % par an en moyenne dans années 2000. Mesuré à sa propre aune, le capitalisme fonctionnait nettement mieux en réalité quand les taux marginaux de l'impôt sur le revenu étaient supérieurs à 90 %…

Le caractère non seulement injuste mais aussi antiéconomique de ces politiques s'explique notamment par le fait qu'elles ont favorisé partout une hausse très sensible de la part des héritages dans les patrmoines : celle-ci est remontée de 34 % en 1970 à 56 % en 2010 en France. Autrement dit, ces politiques ont réduit la mobilité sociale et empêché de nouveaux talents d'émerger, ce qui freine l'innovation et le dynamisme de l'économie. En France, les aventures d'Arnaud Lagardère et de son groupe illustrent jusqu'à la caricature les effets délétères de ce capitalisme d'héritiers. Son père, Jean-Luc Lagardère, avait fondé à partir de rien un puissant groupe présent à la fois dans l'électronique, l'aviation, l'automobile, les médias, l'édition, manoeuvrant habilement dans une période économique et politique troublée. À sa mort, en 2003, Arnaud, son fils unique, en avait repris les rênes. En l'espace de même pas vingt ans, il ne reste aujourd'hui presque plus rien du groupe Lagardère, en voie d'être absorbé par Vincent Bolloré. Le talent entrepreneurial n'est pas héréditaire… Les États-Unis sont parvenus en partie à contrecarrer cet effet négatif du capitalisme d'héritiers grâce au « *brain drain* », à la capacité de leur système d'enseignement supérieur à attirer les talents formés et élevés ailleurs, mais c'est beaucoup moins le cas de la plupart des autres pays qui ont emboîté le pas des politiques néolibérales depuis quarante ans.

Les temps sont mûrs pour imposer les riches

À vrai dire, dans le monde, quasiment plus personne aujourd'hui ne croit, en dehors d'Emmanuel Macron, à la théorie du ruissellement… En dehors de l'exécutif français, tout le monde a compris désormais qu'un système fiscal où on se mettait à taxer davantage les pauvres que les riches, parce que les pauvres ne peuvent pas placer leur argent dans les paradis fiscaux ou y déménager, était le meilleur moyen de couler la démocratie et de doper le populisme et le souverainisme.

Simplement, il reste encore compliqué de revenir en arrière pour réintroduire de la progressivité dans les systèmes fiscaux. D'une part, parce que les habitudes sont prises. Les puissants sont partout devenus encore beaucoup plus puissants grâce en particulier à ces politiques fiscales, et donc beaucoup plus capables que dans les années 1960 ou 1970 de faire entendre leur voix pour défendre leurs intérêts auprès des politiques. De plus, les hausses d'impôt tendent en réalité à être toujours impopulaires, très au-delà des personnes effectivement concernées, parce que tout le monde aime à imaginer qu'il pourrait l'être un jour, une fois qu'il sera devenu très riche…

Il faut en général des évènements exceptionnels pour justifier ce genre de mouvement. Au XXe siècle, cela avait été la guerre de 1914-1918, suivie peu après par la crise de 1929 et la Seconde Guerre mondiale. Cette suite rapprochée de secousses majeures avait permis le déploiement de systèmes fiscaux très progressifs dans tous les pays développés. Pour l'instant, force est de reconnaître que les crises financières de 2000-2001 et 2007-2008 n'ont pas encore suffi à avoir un effet similaire sur ce plan. Il faut espérer que les suites de la crise engendrée par l'épidémie de COVID-19 permettront cette fois d'enclencher ce mouvement. Mais sur ce plan, ce ne sera manifestement pas Emmanuel Macron qui sera à l'origine de ce tournant en France : malgré la crise actuelle, il n'a envisagé à aucun moment jusqu'ici de revenir sur les mesures fiscales inégalitaires prises au début de son mandat.

Il faut dire que l'affaire est compliquée aussi par le développement fantastique qu'ont connu les paradis fiscaux depuis quarante ans combiné avec les possibilités nouvelles de transferts immédiats de fonds que permettent les technologies de l'information et de la communication. D'où un chantage permanent à l'égard des États qui seraient tentés d'accroître l'imposition des plus riches. Cela étant dit, cette menace est largement survendue par ceux qui défendent des politiques fiscales injustes : les paradis fiscaux sont toujours des petits États, largement dépourvus d'armées et de poids géopolitique.

De plus, les transactions avec les paradis fiscaux se font aujourd'hui par voie électronique plutôt qu'avec des valises de billets. Contrairement à ce qu'on croit souvent, si cela facilite certes la tâche aux évadés fiscaux, cela aide aussi beaucoup les gendarmes qui leur courent après. Ou plutôt ça pourrait les aider s'ils avaient la volonté de s'attaquer à ce problème. Edward Snowden et la NSA nous ont montré que, si et quand les autorités le veulent, on peut très aisément savoir qui a transféré combien et à qui par voie électronique. Alors que pister ces transferts était en réalité beaucoup plus aléatoire du temps des valises de billets. C'est la raison pour laquelle d'ailleurs les bandits de toutes les branches d'activité restent très attachés au cash et à la survie des grosses coupures (même si le bitcoin et les autres monnaies blockchain semblent en mesure de pouvoir prendre le relais).

En réalité donc, si les paradis fiscaux ont réussi jusqu'ici à se maintenir et à exercer cette pression sur les systèmes fiscaux du monde entier, c'est uniquement parce que les dirigeants des grands pays les ont jusqu'ici laissés faire pour ne pas faire de peine excessive à leurs multinationales et à leurs riches, bien souvent les principaux donateurs qui financent leurs campagnes électorales. S'ils le voulaient, ils pourraient aisément mettre un terme à ces dérives.

Depuis la crise de 2008, on assiste cependant à une prise de conscience à l'échelle mondiale. Les dirigeants des grands pays sont confrontés à des citoyens de plus en plus exaspérés par le creusement des inégalités et de plus en plus défiants à l'égard des politiques. L'endettement des États a atteint parallèlement des sommets, une dynamique encore puissamment renforcée par la crise déclenchée par l'épidémie de COVID-19. Il leur faut donc bouger. Et comme souvent, ce sont les États-Unis d'Amérique qui ont montré la voie avec le Foreign Account Tax Compliance Act, la loi dite FATCA, adoptée en 2010 sous la présidence de Barack Obama et entrée en vigueur en 2014. Elle fait obligation aux banques étrangères de déclarer au fisc américain tous les comptes détenus par des citoyens américains dans leurs établissements si ces banques veulent pouvoir avoir des activités aux États-Unis. Le tout associé à des sanctions très dissuasives en cas de manquements.

Depuis des dizaines d'années, à chaque fois qu'on évoquait en particulier la question du secret bancaire suisse, j'ai toujours entendu dire que rien ne serait jamais possible, que les Suisses préféreraient plutôt se faire tailler en pièces que de renoncer à leur secret bancaire… Avec la loi FATCA, l'affaire a été réglée en trois ans : le secret bancaire suisse n'existe plus. Et l'Europe a pu s'engouffrer dans la brèche ouverte par les États-Unis pour abolir le secret bancaire, non seulement en Suisse mais aussi en son sein.

À l'échelle internationale c'est l'OCDE, le club des pays riches basé à Paris, qui est à la manœuvre, à la fois sur la lutte contre l'évasion fiscale des particuliers et celle des multinationales. Les pays développés se sont mis d'accord dans ce cadre pour imposer aux paradis fiscaux un échange automatique d'informations, analogue à la loi FATCA américaine, à travers l'*Automatic Exchange of Information (AEOI) Initiative*[1]. Selon l'OCDE, au cours de sa période de mise en place entre 2009 et 2019, cette initiative a permis de ramener 95 milliards d'euros de revenus fiscaux supplémentaires aux pays du G20 et les dépôts dans les paradis fiscaux ont baissé de 34 % en dix ans au fur et à mesure de la mise en place de ces mesures

1. Voir https://www.oecd.org/tax/automatic-exchange/.

de transparence. Si cet effort a été lancé sous la présidence de Barack Obama, il est intéressant de noter que Donald Trump, bien qu'il ait repris la politique de baisses d'impôts pour les riches et les grandes entreprises, n'a pas cherché à mettre fin à l'action de l'OCDE contre les paradis fiscaux. Et aujourd'hui Joe Biden est prêt à accroître substantiellement les impôts des plus riches et des multinationales suite à la crise du COVID-19. En juillet 2021, un accord a été trouvé au sein du G20, qui comprend aussi la Russie, la Chine, l'Inde ou encore le Brésil, pour instaurer un taux minimal d'impôt sur les bénéfices de 15 % à l'échelle mondiale et permettre d'imposer ces bénéfices là où les multinationales vendent leurs services.

Bref, la « théorie du ruissellement » et les politiques qu'elle était censée justifier apparaissent désormais clairement pour ce qu'elles sont : des politiques qui accroissent les inégalités et visent à privilégier les intérêts des plus riches aux dépens des gens ordinaires. Parallèlement, les conditions commencent à être réunies pour combattre efficacement l'évasion fiscale des ménages vers les paradis fiscaux. Et à la sortie de la crise du COVID-19, la dégradation des finances publiques est telle qu'elle devrait amener à commencer (enfin) à revenir en arrière sur les politiques fiscales iniques menées partout dans le monde depuis quarante ans. Et comme d'habitude, ce seront probablement les États-Unis qui montrent la voie.

La France, reaganienne à contretemps

Nous avons beaucoup évoqué jusqu'ici ce qui s'est produit dans le monde, et en particulier dans le monde anglo-saxon, au cours des dernières décennies, mais qu'en est-il de la France dans tout ça ? Elle est à contretemps : restée très redistributrice au moment où le reaganisme et le thatchérisme triomphent ailleurs, elle a été longtemps une exception dans le monde développé avec un niveau d'inégalités de revenus stable et plus faible qu'ailleurs. Mais à partir des années 2000 elle s'est entichée des idées reaganiennes et de la « théorie du ruissellement », au moment même où celles-ci perdaient leur attrait dans le reste du monde et où, au contraire, les temps deviennent mûrs pour revenir (enfin) à une fiscalité plus progressive sur les revenus et les patrimoines.

C'est le fait bien sûr du plus jeune président de la République que la France ait connu, qui se révèle en réalité sur ce terrain comme sur d'autres pas vraiment tourné vers l'avenir. C'est aussi un des – rares – sujets sur lesquels Emmanuel Macron a voulu marquer une rupture très franche avec l'action de son mentor et prédécesseur François Hollande, qui avait lui renforcé au contraire la progressivité de l'impôt au début de son mandat. Mais cette tentation reaganienne avait déjà été celle de plusieurs de ses prédécesseurs dans les années 2000. Reprenons cette histoire plus en détail.

Le contretemps français commence en 1981. Au moment même où Ronald Reagan et Margaret Thatcher s'imposent durablement aux États-Unis et au

Royaume-Uni et parviennent à faire de leur agenda un agenda mondial, François Mitterrand devient le premier président de gauche de la cinquième République. Il a été élu sur un programme très à gauche résultant du Programme commun conclu en 1972 par le Parti socialiste, le Parti communiste et les Radicaux de gauche. Son gouvernement comporte d'ailleurs des ministres communistes, ce qui à l'époque soulève de nombreuses craintes. Il procède immédiatement à de nombreuses nationalisations, notamment en matière bancaire. Et sur le plan fiscal, il fait remonter à 75 % le taux marginal de l'impôt sur les revenus, qui, après avoir culminé à 81 % en 1967, était descendu à 60 % dans les années 1970 sous la présidence de Valéry Giscard d'Estaing. Il met immédiatement en place un impôt sur les grandes fortunes (IGF), qui entre en vigueur le 1er janvier 1982. Il concerne les contribuables ayant un patrimoine supérieur à 3 millions de francs de l'époque, soit l'équivalent de 1 million d'euros d'aujourd'hui si on tient compte de l'inflation. Les biens professionnels sont exemptés. Cet impôt ne touche que 104 000 ménages et rapporte l'équivalent de 1 milliard d'euros d'aujourd'hui, cinq fois moins que l'ISF avant sa disparition.

Bien que ces recettes soient limitées, cet impôt suscite immédiatement une formidable levée de boucliers. L'orientation à gauche du gouvernement de François Mitterrand ne dure cependant pas très longtemps. Dès 1983, on assiste à un « tournant de la rigueur ». Alors que les autres pays développés mènent des politiques restrictives, la politique isolée de relance française a gonflé les déficits extérieurs et la pression à la dépréciation du franc est forte. La France se plie désormais au consensus de Washington. Le taux marginal de l'impôt sur le revenu a été abaissé à 57 % mais l'IGF reste en place. En 1986, la droite arrive cependant au pouvoir. Elle est dirigée à l'époque par Jacques Chirac. Il a mené alors une campagne très thatchérienne, avant de devenir en 1995 le champion de la lutte contre la « fracture sociale ». La droite abolit l'IGF. Mais ce geste symbolique aura un coût politique élevé : la droite est sèchement battue dès 1988, deux ans à peine après avoir repris le pouvoir…

Dès que la gauche revient au pouvoir, le gouvernement de Michel Rocard rétablit un impôt sur la fortune tout en changeant son nom : il devient l'impôt de solidarité sur la fortune (ISF). Il met en place en même temps le revenu minimum d'insertion (RMI), l'ISF ayant pour fonction de le financer. Cet épisode douloureux pour la droite française laissera des traces profondes : dans les trente années suivantes, bien qu'elle ait été au pouvoir pendant quatorze ans, elle n'osera plus supprimer l'ISF. Il faudra attendre l'arrivée au pouvoir d'Emmanuel Macron, venu de la gauche, pour que les partisans du néolibéralisme abattent ce totem…

Revenue au pouvoir en 1993, la droite abaissera cependant de nouveau à 53 % le taux marginal de l'impôt sur le revenu. Mais c'est surtout dans les années 2000 que l'adoption de l'agenda reaganien en matière fiscale s'accélère. Ce n'est pas cependant le retour de la droite au pouvoir en 2002 qui déclenche le mouvement. C'est en effet la gauche elle-même qui l'enclenche. Lionel Jospin était devenu Premier ministre en 1997 en s'appuyant en particulier sur Martine Aubry au ministère du Travail et sur Dominique Strauss-Kahn au ministère de l'Économie et des Finances, tout en gouvernant également avec les communistes et les Verts. Cette *dream team* réussit à mener des réformes sociales ambitieuses, et notamment le passage aux 35 heures (voir p. 104) tout en redressant l'économie française et les comptes publics. Mais DSK doit démissionner fin 1999 parce qu'il est mis en cause dans plusieurs affaires.

En mars 2000, Lionel Jospin nomme Laurent Fabius, l'actuel président du Conseil constitutionnel, ministre des Finances. Celui-ci incarne alors au sein du Parti socialiste le courant le plus proche des idées néolibérales. Il est persuadé en particulier que la gauche doit renoncer à sa politique fiscale redistributive et écrit en août 2001 dans le quotidien *Le Monde* une tribune qui affiche clairement la couleur : *« Baisser les impôts pour préparer l'avenir »*. Laurent Fabius considérait en effet que des baisses d'impôts ambitieuses étaient une condition indispensable pour que la gauche emporte l'élection présidentielle de 2002. Il n'a pas fait les choses à moitié, nous y reviendrons : il a fortement baissé l'impôt sur le revenu en 2000 puis 2001. Et... la gauche a perdu les élections en 2002 : Lionel Jospin, dépassé par Jean-Marie Le Pen, ne s'est pas qualifié pour le second tour. Il existe un nombre important d'explications possibles pour cet échec retentissant, mais le tournant inégalitaire pris par la politique fiscale socialiste sous l'impulsion de Laurent Fabius n'est sans doute pas étranger au désamour entre la gauche et les couches populaires qui avait commencé à se manifester à cette occasion.

Les années 2000 : le démontage des impôts progressifs

Les Français paient beaucoup d'impôts et de cotisations sociales et sont les champions du monde des dépenses publiques et des prélèvements obligatoires (voir p. 39). Mais l'essentiel de ces prélèvements ne sont pas progressifs, c'est-à-dire que ces impôts ne prélèvent pas une part supérieure du revenu des riches que de celui des pauvres. La cotisation sociale généralisée (CSG) (134 milliards d'euros en 2019), les cotisations sociales salariales (117 milliards d'euros), la taxe à la valeur ajoutée (TVA) (174 milliards d'euros), la taxe intérieure de consommation sur les produits énergétiques (TICPE) (31 milliards d'euros) sont au mieux des prélèvements proportionnels aux revenus. La TVA ou la TICPE tendant même à être plutôt régressives, c'est-à-dire à peser davantage sur les pauvres que sur les riches en termes de pourcentage de leurs revenus prélevés via ces impôts.

Le système fiscal français ne comporte guère que 3 impôts réellement progressifs et leur rendement est limité. Il s'agit de l'impôt sur le revenu des personnes physiques (IRPP) (75 milliards d'euros en 2019), des droits de succession, qu'on appelle dans le jargon de Bercy les « droits de mutation à titre gratuit » (15 milliards d'euros), et enfin le fameux impôt de solidarité sur la fortune (ISF), devenu en 2018 impôt sur la fortune immobilière. Il ne rapporte plus désormais que 2 milliards d'euros. Les ménages français acquittent donc sur leurs revenus et leurs patrimoines 456 milliards d'euros d'impôts qui sont au mieux proportionnels, contre 92 milliards d'euros d'impôts progressifs, 5 fois moins…

Au tournant des années 2000, ces impôts progressifs représentaient tous ensemble 5,7 % du revenu des ménages. En 2002, grâce à l'action énergique de Laurent Fabius, ce total avait été ramené à 4,9 %, une chute de 13 % dont ont surtout profité les plus aisés. En 2002, Jacques Chirac est réélu triomphalement président de la République et la droite conquiert la majorité parlementaire. Elle continue d'alléger un peu l'impôt sur le revenu, mais dans le même temps le rendement de l'ISF et celui des droits de succession augmentent et la « pression fiscale » exercée par les impôts progressifs reste globalement stable jusqu'en 2006. Sur ce plan, la droite chiraquienne aura donc été finalement plus sage que Laurent Fabius.

Mais en 2006, Dominique de Villepin, à l'époque Premier ministre, s'imagine un destin présidentiel l'année suivante. Et il veut couper l'herbe sous le pied de son grand rival Nicolas Sarkozy, ministre de l'Intérieur et président de l'UMP, à l'époque le grand parti de droite. Ce dernier entend en effet se présenter aux élections de 2007 en faisant campagne sur un programme très reaganien, par opposition aux prudences et demi-mesures d'un Jacques Chirac, toujours resté au fonds très rad-soc : Nicolas Sarkozy promet en particulier une forte baisse des impôts et des emplois publics, la remise en cause des 35 heures… Pour ne pas être en reste, Dominique de Villepin refond le barème de l'impôt sur le revenu et abaisse brutalement son taux marginal à 40 %. Le résultat ne se fait pas attendre : en 2007, les trois impôts progressifs ne représentent plus que 4,5 % du revenu des ménages, en baisse de 8 % par rapport à 2006 et de 21 % par rapport à 2000.

Dominique de Villepin ne réussit cependant pas à empêcher que Nicolas Sarkozy soit élu en 2007 face à Ségolène Royal. Nicolas Sarkozy, l'Américain, n'a pas renoncé à ses projets fiscaux grandioses. Il prévoit de nouveau une quinzaine de milliards d'euros d'allègements fiscaux. Il exonère les heures supplémentaires d'impôt sur le revenu, il allège massivement les droits de succession et instaure un « bouclier fiscal » à 50 % afin de vider l'ISF de son contenu sans avoir besoin de le supprimer. Le résultat ne se fait pas attendre : en 2009 nos trois impôts progressifs ne pèsent plus que 4,1 % des revenus des ménages, une nouvelle baisse de 9 % par rapport à 2007 et la réforme Villepin et de 28 % par rapport à 2000. C'est durant son mandat d'ailleurs qu'Emmanuel Macron commence véritablement son ascension au sein de l'élite française en devenant rapporteur général adjoint de la très libérale commission dite Attali, chargée de faire des propositions pour façonner l'avenir du pays.

Laurent Fabius, Dominique de Villepin, Nicolas Sarkozy : à eux trois ils auront donc fait chuter les entrées des rares impôts progressifs pesant sur les revenus et les patrimoines des plus riches de plus d'un quart en moins de dix ans. Considérable. Parallèlement, sans surprise, les inégalités se sont significativement accrues en France. Le coefficient de Gini qui permet de mesurer la dispersion des revenus (0 = égalité parfaite, 1 = inégalité totale, une seule personne touche tous les revenus) est passé de 0,276 en 1998 à 0,309 en 2011 selon les données de l'OCDE. En ayant passé la barre symbolique des 0,3 pour cet indice, la France s'est éloignée des pays nordiques

(Danemark 0,251 en 2011, Suède 0,273) et germaniques (Allemagne 0,291, Pays-Bas 0,289) pour se rapprocher des pays d'Europe du Sud (Italie 0,326, Grèce 0,335, Espagne 0,341) et des pays anglo-saxons (Royaume-Uni 0,354, États-Unis 0,389).

Sous la pression de la crise de 2008-2009 et de nos voisins allemands qui insistent pour qu'on limite rapidement les déficits budgétaires, Nicolas Sarkozy commencera cependant lui-même à resserrer la vis fiscale. En 2011, il supprime le bouclier fiscal à 50 % en échange d'un allègement de l'ISF, dont le seuil d'entrée est porté à 1,3 million d'euros et les taux d'imposition abaissés. Il porte le taux marginal de l'impôt sur le revenu de 41 % à 45 % en instaurant une contribution exceptionnelle et il durcit de nombreux dispositifs fiscaux. Moyennant quoi, les rentrées des trois impôts progressifs remontent brutalement entre 2010 et 2012, passant de 4,1 % des revenus des ménages à 4,9 %, un bond de 20 % en deux ans. Pour un Nicolas Sarkozy qui avait voulu faire des baisses d'impôts sa marque de fabrique lors de sa campagne de 2007, cette « trahison » jouera probablement un rôle non négligeable dans son échec à l'élection présidentielle de 2012.

François Hollande rétablit la progressivité de l'impôt

Toujours est-il donc que cette année-là, c'est le socialiste François Hollande qui lui succède à la tête de l'État, nommant alors un certain Emmanuel Macron secrétaire général adjoint de l'Élysée. Décidé à prendre le contre-pied de Nicolas Sarkozy et rompant avec la pente sociale-libérale qui prévalait au PS sur les questions fiscales depuis le début des années 2000, il a fait campagne contre les inégalités et pour le rétablissement de la progressivité de l'impôt. Au moment de cette campagne et de l'établissement du projet présidentiel, Emmanuel Macron ne joue encore aucun rôle significatif dans le dispositif de François Hollande. Mais s'il veut rétablir la progressivité de l'impôt, François Hollande prône aussi le sérieux budgétaire et veut réduire rapidement les déficits publics engendrés par la crise de 2008-2011. Ce cocktail va lui être fatal.

Au début de son quinquennat, François Hollande frappe un grand coup sur le plan fiscal. Il porte à 45 % le taux marginal de l'impôt sur le revenu (qui n'avait été porté à ce taux que provisoirement par Nicolas Sarkozy), il abaisse le plafonnement des niches fiscales de 18 000 euros à 10 000 euros, il impose les revenus du capital au barème de l'impôt sur le revenu au lieu d'un prélèvement libératoire à taux unique et rétablit l'ancien barème de l'ISF modifié par Nicolas Sarkozy.

Arrêtons-nous un instant sur la question de l'ISF, qui a beaucoup cristallisé les polémiques, bien que ses rentrées aient toujours été limitées : est-il légitime et utile de taxer le patrimoine ? Tous les pays, à commencer par les pays anglo-saxons, le font, mais en général ces taxes se concentrent surtout sur le patrimoine foncier et immobilier qui présente un avantage intrinsèque indéniable : il ne peut pas bouger. En France le principal et véritable impôt sur le patrimoine n'a d'ailleurs jamais été l'ISF mais la taxe foncière (TF), qui a rapporté 36 milliards d'euros en 2019. Elle pose d'ailleurs de nombreux problèmes dans la mesure où les bases utilisées pour calculer cette taxe n'ont plus aucun rapport avec la réalité de la valeur des biens considérés. La spécificité de l'ISF consistait principalement à taxer les autres biens, et notamment les actifs financiers, touchant ainsi les très très riches dont le patrimoine n'est pas investi principalement dans l'immobilier. Et c'est cela qui explique leur acharnement à le voir supprimé.

Faut-il donc taxer le patrimoine alors qu'on taxe déjà leurs revenus ? L'imposition des seuls revenus ne suffirait-il pas à corriger les inégalités ? Non, il est utile de taxer aussi les patrimoines, non seulement socialement, mais aussi économiquement. Taxer les patrimoines permet en effet d'obliger celles et ceux qui en détiennent à s'en servir, à le faire travailler pour produire des revenus, ne serait-ce que pour payer les impôts correspondants, au lieu de le laisser en jachère. C'est donc un moyen de dynamiser l'économie en utilisant mieux le capital qui y est investi. De plus si on veut limiter l'accumulation des inégalités de patrimoine, il est probablement plus simple politiquement d'y parvenir en prélevant un peu de ces patrimoines chaque année que de vouloir en prélever une forte proportion quand les personnes décèdent. L'erreur principal de François Hollande sur ce sujet aura principalement été de vouloir rétablir l'ancien barème de cet impôt alors que, dans un contexte de taux d'intérêt très bas, le rendement du capital avait beaucoup chuté. Un bon impôt est un impôt à base large et taux modéré, or l'ISF version Hollande était un impôt à base trop étroite, il comportait trop d'exonérations, et en revanche, dans le contexte de 2017, son taux était devenu trop élevé.

Ces réformes suscitent en tout cas immédiatement un tollé chez les plus aisés. Il faut dire qu'elles ont un effet massif: de 4,9 % des revenus des ménages en 2012, les rentrées des impôts progressifs passent à 5,6 % en 2014, une hausse de 14 % en deux ans. En soi ces 5,6 % n'ont rien d'exceptionnel: c'était le niveau atteint par les impôts progressifs en 2000, avant que la vague reaganienne ne touche tardivement la France. Mais entre les mesures prises par Nicolas Sarkozy en fin de mandat et la réforme Hollande la remontée a été brutale: en quatre ans, entre 2010 et 2014, les rentrées de l'impôt sur le revenu augmentent de 39 % exprimées en pourcentage des revenus des ménages, un sacré choc fiscal...

Cette remontée très rapide de la fiscalité progressive est combinée à une politique budgétaire restrictive: François Hollande veut en effet absolument ramener les déficits publics français sous la barre des 3 % dès 2013 pour asseoir sa crédibilité auprès de nos voisins, notamment allemands. Mais, dans un contexte économique très morose, cette politique d'austérité casse l'activité et entraîne un nouveau développement du chômage. Cette combinaison d'une forte hausse des impôts progressifs et d'une politique économique trop restrictive a des effets désastreux pour François Hollande: elle entraîne un profond discrédit dont il ne se remettra jamais. Son propre ministre de l'Économie et des Finances, Pierre Moscovici (nommé depuis président de la Cour des comptes par Emmanuel Macron), en vient même en août 2013 à donner raison aux opposants à la politique du gouvernement en affirmant l'existence d'un supposé « ras-le-bol fiscal »...

Pour tenter de se rattraper, François Hollande engage dès 2013, sous l'impulsion notamment d'Emmanuel Macron, devenu son secrétaire général adjoint à l'Élysée, un tournant néolibéral avec le Pacte de responsabilité et le crédit d'impôt compétitivité emploi (CICE). Il multiplie les gestes à l'égard du patronat tout en allégeant un peu l'impôt sur le revenu pour les ménages les plus modestes. Mais la hausse de la valeur de l'immobilier accroît sensiblement les rentrées des droits de succession et les impôts progressifs plafonnent à 5,8 % des revenus des ménages en 2017, le niveau le plus élevé depuis la fin des années 1990. Discrédité par ses multiples erreurs, honni par les riches pour ses mesures fiscales et par les couches populaires pour ses cadeaux au patronat et sa dérégulation sociale, abandonné par une partie significative de sa majorité parlementaire, François Hollande ne peut pas se représenter à l'élection présidentielle de 2017.

Le tournant néolibéral d'Emmanuel Macron

C'est son ancien collaborateur à l'Élysée et ministre de l'Économie qui va lui succéder après l'avoir trahi. Il avait déjà été l'instigateur du tournant social-libéral pris en 2013 avec le Pacte de responsabilité, mais il n'était pour rien dans la politique fiscale du début de mandat de François Hollande. Lui qui avait été le rapporteur de la très libérale commission Attali sous Nicolas Sarkozy avait toujours été en désaccord profond avec cette politique redistributive. Et il a fait campagne en s'engageant à revenir en priorité sur ces mesures fiscales.

Ce n'est pas seulement cependant une question de convictions, il s'agit aussi et surtout de la défense pure et simple des intérêts des groupes sociaux qu'Emmanuel Macron a mobilisés pour sa campagne. Il sort en effet de nulle part. Au début de son aventure présidentielle, en 2016, il ne dispose d'aucun des atouts traditionnels d'un présidentiable : il n'a pas de parti derrière lui, et donc pas de financement politique pour lancer sa campagne, il n'est pas lui-même élu et n'a pas de réseaux d'élus à sa main qui lui devraient quelque chose. Il s'en sortira principalement parce qu'il sera capable de récolter très rapidement de fortes sommes d'argent auprès des plus fortunés de ce pays. De quoi monter *ex nihilo* en quelques mois une campagne électorale professionnelle avec tout ce que cela implique. Mais évidemment, ce soutien a un prix, et ce prix c'est la baisse des impôts pour les plus aisés, et plus particulièrement la suppression de l'impôt de solidarité sur la fortune (ISF).

Aussitôt élu, Emmanuel Macron choisit de s'acquitter de sa dette auprès de ceux qui l'ont soutenu : faisant ce qu'aucun gouvernement de droite n'avait plus osé faire depuis 1986, il supprime l'ISF pour le remplacer par un impôt sur la seule fortune immobilière. Celui-ci ne touche donc plus les très riches dont la fortune prend surtout la forme de titres financiers. Le nouvel impôt ne rapporte plus que 2 milliards d'euros aux finances publiques au lieu de 5 pour l'ISF. Il sort aussi de nouveau les revenus du capital de l'imposition au barème progressif de l'impôt sur les revenus pour les soumettre à un prélèvement forfaitaire libératoire unique à 30 %. Les gains qui résultent de ces mesures sont massifs et quasi exclusivement concentrés sur les 5 % des Français les plus riches.

Simplement, il commet une erreur fatale : il veut à la fois alléger les impôts des très riches et les « charges » qui pèsent sur les entreprises tout en réduisant en même temps rapidement les déficits publics. Comment résoudre une telle équation ? Une seule solution : taxer davantage les gens ordinaires… Et c'est ce qu'Emmanuel Macron décide de faire, poussé par Nicolas Hulot, alors ministre de l'écologie, en accélérant la hausse de la fiscalité sur les carburants au nom de la lutte contre le changement climatique. Des rentrées supplémentaires qui ne seront pas consacrées cependant à financer la transition énergétique ou à alléger les difficultés créées par la hausse des prix des carburants chez les plus vulnérables mais à compenser le recul des impôts payés par les plus aisés.

Sans surprise ce choix inique soulève un vent de révolte qui va se transformer en un puissant mouvement social, celui des Gilets jaunes. Celui-ci va être un des plus violents, des plus profonds, des plus durables et des plus durement réprimés qu'ait connus la France depuis tout l'après-guerre. Ce mouvement social va amener Emmanuel Macron à lâcher un peu de lest en 2019 au profit des couches moyennes principalement, mais sans pour autant jamais revenir en arrière sur les mesures prises en faveur des plus aisés. Et aujourd'hui encore, après la crise du COVID-19 qui a beaucoup aggravé l'endettement public, il reste farouchement opposé à toute idée de taxation supplémentaire des plus aisés.

L'injustice fiscale contre la transition écologique

Le plus étonnant dans l'affaire des Gilets jaunes aura été la surprise du pouvoir macroniste qui n'avait visiblement rien vu venir. Il faut vraiment être profondément coupé des réalités du pays pour ne pas se douter que cela ne va passer comme une lettre à la poste si on abaisse les impôts des très riches en même temps qu'on augmente ceux payés par les pauvres, parce qu'ils n'ont pas d'autre choix que de prendre leur voiture, contraints qu'ils ont été de s'installer dans la pampa par la hausse des prix de l'immobilier… Le pire étant probablement que, en agissant de cette façon inconsidérée, Emmanuel Macron a durablement plombé une transition énergétique qui avait pourtant déjà pris beaucoup de retard en France.

Dans le contexte de la crise écologique majeure que nous vivons, c'est en effet un des contrecoups les plus négatifs du reaganisme à retardement d'Emmanuel Macron: pour avoir une chance de réussir l'indispensable transition écologique, la mutation en profondeur de tous nos modes de production, de transports, de communication, de consommation… il faut absolument réduire parallèlement les inégalités. Depuis les travaux de l'économiste et sociologue Thorstein Veblen au XIXe siècle, on a compris en effet que c'est le mode de vie des plus riches qui oriente ceux de toute la société. Dans un monde où on considère que les êtres humains sont libres et égaux en droit, il est logique que chacun, même parmi les plus pauvres, rêve de pouvoir imiter les plus riches et gaspiller autant qu'eux. D'où le succès durable en particulier de ce qu'on appelle la presse

« people ». Si les riches continuent à rouler en 4×4, à passer le WE en Thaïlande, à étaler leur yacht à Cannes ou ailleurs, à entasser vêtements et chaussures dans leurs placards… on ne pourra jamais convaincre nos concitoyens d'adopter des modes de vie plus sobres, moins gaspilleurs d'énergie et destructeurs de l'environnement. Quoi qu'ils en disent pour paraître « politiquement corrects », on ne peut évidemment pas compter simplement sur la bonne volonté des plus riches au sujet de l'écologie. Il n'est pas forcément souhaitable non plus de recourir trop largement à la coercition en interdisant tel ou tel produit ou telle activité. Le moyen le plus simple et le plus efficace d'amener les riches à moins gaspiller de ressources et à moins détruire notre environnement consiste à les « taper au portefeuille », à faire en sorte qu'ils deviennent moins riches. Pour leur éviter de continuer à jeter de l'argent par les fenêtres il faut limiter leurs revenus et leurs patrimoines. Bref, faire exactement le contraire de ce que fait Emmanuel Macron. C'est la raison principale pour laquelle son discours écologique n'a et ne peut avoir aucune crédibilité réelle.

Ainsi donc, depuis vingt ans, avec notamment Emmanuel Macron et son prédécesseur et ami Nicolas Sarkozy, la France s'est entichée à contretemps de reaganisme en matière fiscale au moment même où, au vu de ses méfaits, il passait de mode dans le reste du monde et où on construisait progressivement à l'échelle planétaire des outils de plus en plus efficaces pour limiter l'évasion et le dumping fiscal.

Et, malgré les effets massifs de la pandémie de COVID-19 sur les finances publiques françaises, rien n'indique à ce stade qu'Emmanuel Macron ait la moindre intention de revenir en arrière sur les multiples cadeaux fiscaux qu'il a prodigués aux plus aisés. Sans même parler bien sûr d'accroître davantage encore la fiscalité sur les revenus et les patrimoines des plus riches qui ont vu leur fortune augmenter beaucoup pendant la crise grâce aux politiques monétaires des banques centrales.

Pourquoi le modèle social français est-il en train de craquer ?

Mais comment se fait-il au juste que l'impôt progressif et le soutien aux personnes les plus en difficulté soient devenus aussi impopulaires ou en tout cas aussi controversés qu'on puisse, comme Nicolas Sarkozy ou Emmanuel Macron, se faire élire président de la République en affichant sa volonté de les remettre en cause dans un pays qui a fait la Révolution française, celle de 1848, la Commune, le Front populaire, le programme du Conseil national de la Résistance, Mai 1968 et affiche fièrement l'égalité au fronton de tous ses bâtiments publics ?

Il existe dans le monde deux types de modèles sociaux qui possèdent une cohérence interne suffisante leur permettant de se maintenir durablement : le modèle anglo-saxon, d'un côté, et le modèle nordique, de l'autre.

Dans le modèle anglo-saxon, on tolère de très fortes inégalités de revenus primaires comme disent les économistes, les revenus que l'on tire directement de son activité économique avant impôts, cotisations sociales et redistribution. Là-dessus l'État ne branche que des prélèvements et des dépenses publics limités. Pas dans les domaines régaliens traditionnels, police, justice, armée…, où ces États ne lésinent pas, mais dans le domaine social en particulier.

Dans les pays anglo-saxons, ces dépenses sociales prennent le plus souvent en effet la forme d'un filet de sécurité minimal permettant seulement aux plus défavorisés de ne pas tomber tout à fait dans la misère. Dans ces pays, les inégalités sont très fortes, la vie des soutiers est très difficile, mais du fait notamment de cette redistribution limitée (compensée cependant par une action publique vigoureuse en cas de crise), l'économie possède effectivement une certaine flexibilité et une bonne résilience. Ces pays ne se sont pas trop mal sortis des quarante dernières années de mondialisation dérégulée : ils se sont même rétablis à chaque fois assez rapidement, plus rapidement que la France et l'Europe continentale, après les crises majeures déclenchées à partir de ces pays par les excès d'une finance incontrôlée.

De l'autre côté, on trouve les pays nordiques où le schéma est exactement inverse. Les écarts observés sur les revenus primaires sont limités, du fait notamment d'un encadrement très fort des salaires par des conventions collectives qui couvrent tous les secteurs d'activité. Si on paie très cher une bière dans un bar à Stockholm ou à Copenhague, c'est certes parce que ces pays ont fait le choix d'avoir des taux de TVA très élevés, mais c'est aussi et surtout parce que le salaire du barman ou de la serveuse n'est pas très éloigné de celui d'un enseignant ou d'un cadre… Sur ces faibles inégalités de revenus primaires, les nordiques greffent un niveau de dépenses publiques très élevé, et notamment des services publics plus développés encore qu'en France. Mais comme, à la base, les inégalités de revenus primaires restent limitées, ces prélèvements et ces dépenses publiques ont elles-mêmes un caractère de redistribution réduit : il s'agit principalement de mise en commun, de mutualisation plutôt que de redistribution, ce qui favorise beaucoup leur acceptation sociale.

Malgré la mondialisation mal fichue qui a favorisé le dumping social et fiscal, ces pays ne se sont eux aussi pas trop mal sortis des dernières quarante années en dépit d'un coût du travail très élevé. La bonne qualité des services publics, et notamment de ceux d'éducation, leur a permis de disposer d'une main-d'œuvre très qualifiée capable en particulier de s'adapter et d'adopter très rapidement les dernières innovations technologiques. Les faibles écarts de revenu et de conditions de vie leur ont donné un vivier très large d'innovateurs et d'entrepreneurs potentiels, tandis que ces pays connaissaient un niveau faible de conflictualité sociale et une prévisibilité élevée du cadre de l'action publique. Ce qui y a favorisé l'investissement à long terme. Les inégalités se sont certes accrues au cours des décennies les plus récentes dans ces pays et les questions liées aux migrations soumettent aujourd'hui ces sociétés, longtemps assez fermées, à de plus fortes tensions, mais globalement leur succès reste impressionnant.

Le problème de la France, ce qui fait son instabilité politique et la défiance croissante à l'égard de son modèle social, c'est qu'elle a « le cul entre ces deux chaises », si vous me pardonnez l'expression. Nous ne sommes pas du tout un pays nordique : nous sommes, nous l'avons vu, à la base un pays très inégalitaire, resté aristocratique, voire monarchique, malgré la Révolution française. Il n'y a qu'en France qu'on ait dans l'enseignement supérieur des « grandes écoles » d'un côté et des universités de l'autre et il n'y a qu'en France qu'on connaisse la notion de « cadre » dans les entreprises. Cela se traduit notamment par d'assez fortes inégalités de revenus primaires. Ce n'est pas une caractéristique véritablement spécifique à la France : ces écarts de statuts et de revenus sont plutôt plus marqués encore en Italie, en Espagne, au Portugal ou encore en Grèce. Mais nous sommes incontestablement un pays très latin sur ce plan.

Ce qui est vraiment particulier chez nous, c'est que nous cherchons à brancher sur ce substrat inégalitaire des niveaux de dépenses publiques de taille nordique. Et sans grande surprise, cela ne fonctionne pas bien.

Du coup, les riches ont le sentiment en effet qu'on les spolie, qu'on leur prend une trop grande part de leurs richesses pour donner beaucoup trop d'argent à des pauvres qui grâce à cela se la coulent douce sans chercher à travailler. Et depuis vingt ans, nous l'avons dit, ils sont de plus en plus entendus et suivis par les gouvernants successifs de droite et de gauche, ce qui creuse notamment les déficits et accroît la dette publique. Contrairement à une idée reçue, ce sont en effet surtout les gouvernements de droite, comme ceux d'Edouard Balladur, de Nicolas Sarkozy ou d'Emmanuel Macron, qui accumulent cette dette publique parce qu'ils préfèrent emprunter de l'argent aux riches plutôt que de leur faire payer des impôts.

Mais les pauvres ne sont pas davantage satisfaits du système. Les inégalités sont telles à la base que la redistribution, même importante, ne parvient pas réellement à les limiter. D'autant plus que l'action et les dépenses publiques ont-elles-mêmes été largement détournées au profit des plus aisés, sous la férule de la haute fonction publique qui structure les élites françaises. Le système éducatif est le plus emblématique de ce détournement : l'argent public finance un enseignement privé, qui privilégie les plus aisés, à des niveaux inconnus dans les autres pays développés, la ségrégation dans le logement permet d'entretenir une ségrégation scolaire favorisant largement les plus riches qui bénéficient des enseignants les plus expérimentés. Les « bonnes filières », les classes préparatoires et les grandes écoles qui concentrent les enfants des couches les plus aisées bénéficient des moyens publics nettement plus importants que les universités… De même, la mauvaise régulation du système de santé a créé des déserts médicaux dans les zones rurales et les quartiers populaires tout en concentrant une offre pléthorique, et hors de prix, dans les beaux quartiers des grandes villes. Enfin, la politique de logement social, loin de permettre une mixité sociale, a favorisé au contraire la création de ghettos sans qu'on parvienne jusqu'ici à corriger le tir, faute de volonté politique suffisante de la part de l'aristocratie républicaine.

Bref, les pauvres ont au moins autant que les riches de puissantes raisons de se détourner du modèle social français. Les couches populaires ne prennent plus au sérieux les promesses de celles et ceux qui prétendent le défendre, comme le fait notamment la gauche sans jamais cependant remédier aux dysfonctionnements évoqués précédemment lorsqu'elle est au pouvoir. Conséquence logique : ces couches populaires choisissent de plus en plus massivement de s'abstenir de voter aux différentes élections.

C'est dans ce contexte qu'Emmanuel Macron propose au fond au pays d'enterrer ce modèle social : rapprochons-nous du modèle anglo-saxon, acceptons enfin notre vieux fond inégalitaire latin et cessons de vouloir prétendre le compenser par une redistribution importante et des services publics développés de taille nordique.

On aurait pu penser que le rôle déterminant joué par la puissance publique dans la crise du COVID-19, les faiblesses évidentes d'un système de santé désormais exsangue, le creusement des inégalités engendré notamment par l'explosion de l'épargne et de la valeur du patrimoine des plus aisés, l'urgence de répondre à la crise écologique… auraient pu faire revenir Emmanuel Macron à de meilleurs sentiments vis-à-vis du modèle social français. Mais à peine le pays commençait-il à voir le bout du tunnel de la pandémie de COVID-19 qu'Emmanuel Macron a repris son chantier de démontage en choisissant de s'attaquer de nouveau à l'assurance chômage et en remettant en chantier sa réforme des retraites sans même attendre une éventuelle réélection en 2022. Si on veut pour le pays autre chose qu'un reaganisme désuet et à contretemps, il faut manifestement placer un ou une autre qu'Emmanuel Macron à la tête de l'État.

CONCLUSION

Une autre France est possible

Nous voici donc arrivés au terme de ce voyage dans une France qu'Emmanuel Macron conduit dans le mur parce qu'il prolonge et accentue les erreurs commises depuis quarante ans par l'aristocratie d'État qui nous dirige. Il incarne en effet la prise du pouvoir directe par cette aristocratie de hauts fonctionnaires, bien décidée désormais à ne plus avoir à se cacher derrière les façades de la gauche et de la droite traditionnelles pour pouvoir mettre enfin en œuvre sans frein ni filtre son agenda néolibéral.

Or cette aristocratie, enfermée dans sa bulle sociologique et cognitive, se trompe du tout au tout en termes de diagnostic, tandis que les remèdes qu'elle préconise se révèlent manifestement contre-productifs. J'espère vous en avoir convaincu. La France ne rêve pas en effet et n'a surtout pas besoin d'un État encore plus dirigiste et autoritaire; ce n'est certainement pas en abaissant les dépenses publiques qu'on va résoudre ses nombreux et bien réels problèmes ; ce ne sont pas non plus ses salariés paresseux, trop protégés et trop coûteux, qui sont à l'origine de ses difficultés indéniables à trouver sa place dans la division internationale du travail. Quant à aggraver les inégalités en taxant moins les plus riches, cela ne peut que conduire à faire exploser le pays, comme la révolte des Gilets jaunes l'a montré.

On aurait pu croire que les évènements qui ont marqué le pays depuis 2017, entre mouvement des Gilets jaunes et pandémie de COVID-19, auraient fait évoluer la pensée d'Emmanuel Macron, lui montrant l'inanité et la dangerosité de son projet initial, mais, au moment où la pandémie se termine, tout ce qu'on peut percevoir de ses idées et de ses projets pour la suite n'indique absolument rien de tel. On assiste au contraire à une forme de radicalisation autoritaire de plus en plus marquée.

Sans doute, penseront beaucoup de lecteurs, mais la critique est facile tandis que l'art de gouverner est difficile. Il ne suffit pas en effet de s'opposer : si Emmanuel Macron a pu s'imposer finalement aussi aisément en 2017 et s'il reste aujourd'hui le candidat le plus probable à sa propre succession, ce n'est pas le fruit d'un complot, c'est parce que jusqu'ici aucune alternative crédible n'a émergé, en particulier à gauche et chez les écologistes. Avant même celle des hommes et des femmes susceptibles de l'incarner, se pose une double question pour que cette alternative puisse naître : celle de la nature du projet à opposer au néolibéralisme macronien et celle de la base sociale que ce projet doit être capable de rassembler.

Au sujet de la construction d'un projet alternatif au macronisme, le premier risque concerne la fuite en avant dans la radicalité. Dans la mesure où Emmanuel Macron a embarqué avec lui une part significative de l'aile réformiste de la gauche et des écologistes pré-2017, la tentation est évidemment forte de se regrouper en termes programmatiques autour de la gauche de la gauche. Ce serait un piège qui marginaliserait durablement la gauche en l'enfermant dans un ghetto. Même s'ils sont profondément insatisfaits de la montée des inégalités et de l'autoritarisme macronien, la grande majorité des Français ne rêvent ni de révolution, pas plus bolchevique que bolivarienne, ni de socialisme dans un seul pays. Seul un programme réformiste sérieux et crédible, maintenant en particulier la perspective européenne face à la tentation nationaliste, peut être de nature à permettre à la gauche et aux écologistes de reconquérir une majorité dans ce pays.

Pour le construire, il faut prendre sur tous les terrains l'exact contre-pied de ce que promeut Emmanuel Macron. Et d'abord, au lieu d'un État toujours plus autoritaire et vertical, nous avons un urgent besoin au contraire d'oser enfin la démocratie et de renforcer les contre-pouvoirs. À tous les niveaux. Ce qui rend l'action publique si peu efficace en France, c'est en effet avant tout la faiblesse de ces contre-pouvoirs, l'absence de feed-back immédiat quand des dysfonctionnements apparaissent et des décisions contre-productives sont prises.

Ce serait évidemment une révolution copernicienne pour un appareil d'État construit sur le modèle de l'armée par Napoléon Bonaparte. Et cela se heurterait sans doute à de fortes résistances en son sein, au-delà de la seule haute fonction publique macronienne jalouse de son pouvoir sans contrôle. Cette incapacité à réformer et à démocratiser l'État a été jusqu'ici une des causes principales de l'échec de la gauche : trop dépendante sociologiquement des salariés de cet État, elle n'a pas su bousculer les habitudes et impulser dans l'appareil d'État le souffle démocratique indispensable pour rompre avec les routines étatistes et bureaucratiques. Il faut dire que, tant qu'on cherche absolument dans le même temps à supprimer des postes selon des règles arbitraires et à faire baisser les salaires des fonctionnaires, il est évidemment impossible de les motiver à s'engager dans une vraie démocratisation de l'État.

Face à l'autoritarisme d'Emmanuel Macron, il faut aussi se décider à jouer enfin véritablement le jeu des « corps intermédiaires » et de la négociation collective à tous les niveaux. En matière de relations sociales, la faiblesse chronique et la division profonde du syndicalisme français n'aident évidemment pas. On peut cependant prendre des mesures qui changent la donne sur ce terrain en obligeant les syndicalistes français à se rapprocher tout en renforçant le mouvement syndical : il faut un chèque syndical que chaque employeur doit verser à chaque salarié ; il faut renforcer les règles concernant les accords collectifs en portant le seuil de représentativité pour les valider au-delà de 50 %.

Au lieu de renforcer l'autocratie patronale comme le fait Emmanuel Macron, il faut là aussi introduire enfin la démocratie dans l'entreprise en nous rapprochant de la codétermination à l'allemande pour pouvoir mobiliser les salariés français et réindustrialiser le pays. Si nos voisins ont su conserver un tissu d'entreprises et une industrie solide, c'est notamment parce que l'Allemagne est l'un des pays au monde où les actionnaires ont le moins de pouvoir sur la marche des entreprises.

Il faut aussi améliorer le sort des salariés des petites entreprises pour unifier le salariat en arrêtant de creuser l'écart avec les droits sociaux des salariés des grands groupes. Si la gauche politique et syndicale a perdu pied dans ce pays, si les vrais prolétaires se sont souvent tournés vers l'extrême droite ces dernières années, c'est notamment parce qu'ils ont eu le sentiment – justifié – que la gauche ne s'intéressait réellement qu'au sort des salariés des grands groupes et de la fonction publique.

Au lieu de vouloir faire travailler plus longtemps celles et ceux qui ont déjà un emploi dans un pays qui compte 6,4 millions d'inscrits à Pôle emploi et risque fort de connaître une passe difficile quand on va réduire les soutiens aux entreprises après la crise déclenchée par l'épidémie de COVID-19, il faut au contraire relancer la dynamique historique de réduction du temps de travail. C'est elle qui avait notamment permis, au tournant des années 2000, de faire reculer massivement le chômage tout en redressant les comptes publics et les comptes extérieurs du pays. Il faut cependant l'aborder sous une forme renouvelée : l'époque est probablement révolue désormais de la réduction hebdomadaire du temps de travail. Les 35 heures elles-mêmes ne l'avaient d'ailleurs pas été : elles avaient consisté plutôt généralement en une réduction du temps de travail sur l'année via les fameux jours de RTT. Proposer 6 mois de congés sabbatiques rémunérés tous les cinq ans, ou un an tous les dix ans, représente aussi une réduction de 10 % du temps de travail et présente l'avantage de mieux répondre sans doute à une demande sociale de temps de respiration supplémentaires au cours d'une vie professionnelle devenue plus longue avec le recul de l'âge de départ en retraite.

Il faut bien sûr renforcer la fiscalité progressive après les attaques d'Emmanuel Macron et de ses amis, rétablir un impôt sur la fortune et accroître la progressivité de l'impôt sur le revenu tout en relevant les minima sociaux et en en facilitant l'accès pour éliminer le non-recours. C'est d'autant plus urgent que les très riches ont beaucoup profité de la crise : la valeur de leur patrimoine s'est fortement accru grâce aux politiques monétaires des banques centrales. Mais il faut aussi et surtout réussir à limiter les inégalités de revenus primaires, celles qui résultent directement de l'activité économique, et cela passe par ce renforcement du pouvoir des salariés à tous les niveaux, et notamment dans les PME.

Il faut rompre enfin réellement avec la politique de métropolisation promue par Emmanuel Macron, et son corollaire, l'abandon des villes moyennes et des territoires ruraux. Mais aussi avec la marginalisation des quartiers populaires au sein des métropoles elles-mêmes. Ce n'est à coup sûr pas la partie la plus aisée pour la gauche et pour les écologistes dans la mesure où ce qui leur reste d'électorat se concentre dans les couches plutôt favorisées de ces grandes métropoles.

On rejoint là d'ailleurs le problème fondamental de la sociologie actuelle de la gauche. Ce problème n'est pas spécifique à la France, même s'il est plus accentué encore chez nous qu'ailleurs. Si la gauche peine autant à exister et à se reconstruire face à Emmanuel Macron, c'est en effet parce qu'elle ne dispose plus d'une base sociale suffisamment large. Depuis trois décennies, au fur et à mesure qu'elle avait fait sien le credo néolibéral, les couches populaires se sont détournées de la gauche de gouvernement. Mais, on l'a aussi déjà constaté, à lui seul, le radicalisme ne permet pas non plus une reconquête. Que s'est-il passé et comment reconquérir les couches populaires ?

Depuis deux siècles la gauche s'était construite, dans toute la diversité de ses composantes, qu'elle soit communiste, anarcho-syndicaliste ou sociale-démocrate, autour d'un mythe commun: il existe une unité fondamentale du salariat. Il fallait certes construire sans cesse cette unité face à ceux qui tentaient en permanence de diviser le salariat, mais il était possible d'y parvenir parce que les salariés avaient fondamentalement les mêmes intérêts dans la lutte que se mènent le capital et le travail pour le partage du pouvoir et des richesses. En pratique, toutefois, ce mouvement ouvrier a toujours été dirigé dans ses différentes composantes par une élite du salariat. Mais celle-ci réussissait bon an mal an à « vendre » son discours sur l'unité du salariat aux vrais prolétaires qui acceptaient de la suivre, oscillant selon les moments entre les différentes tendances du mouvement ouvrier.

C'est cela qui ne fonctionne plus aujourd'hui. Pourquoi ? Parce que nous ne sommes plus dans une société où le salariat est minoritaire comme au XIXe siècle, mais dans une société où quasiment tout le monde est salarié. Les non-salariés qui subsistent sont pour la plupart assez comparables à des Indiens dans une réserve, comme les agriculteurs massivement subventionnés par la Politique agricole commune ou des médecins libéraux qui dépendent en réalité largement de la Sécurité sociale. On assiste bien sûr à l'apparition de nouvelles catégories de travailleurs indépendants, même si cela reste limité au niveau quantitatif, comme les employés des plateformes ou les patrons de franchises. Mais il s'agit en pratique de faux indépendants totalement dépendants de grands groupes.

Quand la société est quasiment entièrement salarisée, le mythe de l'unité du salariat ne tient plus et ne peut plus rassembler : les divisions qui continuent naturellement de structurer la société passent nécessairement désormais au sein du salariat lui-même. Les mythes ont cependant la vie dure et disposent d'une certaine autonomie : ils peuvent résister un certain temps à la réalité, mais au bout d'un moment ils s'effondrent. Et c'est ce qui s'est produit en France comme partout ailleurs au cours des dernières décennies.

Les vrais prolétaires, qui continuent plus que jamais à exister, voire à se développer avec la multiplication des statuts précaires, se rendent compte qu'ils se font arnaquer par les élites du salariat, les cadres et les fonctionnaires, qui dirigent tous les morceaux de ce qu'on appelait naguère le « mouvement ouvrier » : ceux-ci défendent des intérêts qui ne sont pas vraiment les leurs. Résultat : le « mouvement ouvrier » s'écroule et, contrairement à ce qu'on aurait pu penser au tournant des années 1990, la social-démocratie ne profite pas de la chute du communisme. Elle le suit au contraire dans la tombe.

Sur les cendres de la social-démocratie une autre force de gauche est certes apparue en France comme dans les autres pays développés : la mouvance écologiste. Elle porte incontestablement la problématique qui sera (malheureusement) centrale au XXIe siècle : celle de la réponse à la crise écologique majeure que nous avons créée depuis deux siècles. Mais dans l'immédiat, elle souffre des mêmes tares sociologiques que les restes de la gauche issus du mouvement ouvrier : elle est présente surtout parmi les couches sociales privilégiées des grandes villes.

Comment en sortir et redonner une base sociale large à une gauche sociale et écologique ? D'abord, en renonçant enfin ouvertement au mythe de l'unité du salariat. En reconnaissant qu'il existe en effet au sein de celui-ci des contradictions qui ne sont pas du tout secondaires et en s'adressant désormais aux prolétaires en termes d'alliance de classes. Et il ne s'agit pas seulement d'un changement de sémantique, d'une manière différente de dire les choses. Cela implique en effet très concrètement d'inscrire à son programme de façon crédible des mesures qui vont à l'encontre des intérêts de l'élite du salariat que la gauche sociale et écologique représente pour l'instant.

Soyons clairs en effet : qu'il s'agisse de la réforme de l'État, de la démocratisation des entreprises, des efforts à réaliser en faveur des territoires ruraux, des villes moyennes et des quartiers populaires, de la réduction des inégalités de revenus primaires ou encore du renforcement de la fiscalité progressive et du relèvement des minima sociaux, ces actions impliquent des sacrifices pour celles et ceux qui aujourd'hui, cadres et fonctionnaires, constituent la base sociale de ce qui reste de la gauche. Tout cela ne pourra pas être financé en effet simplement en prélevant davantage sur les 1 % les plus riches. Cela implique aussi des prélèvements supplémentaires sur les couches moyennes, une limitation de leur pouvoir d'achat et de leur pouvoir tout court.

La gauche de gouvernement a souvent mis déjà nombre des points évoqués ci-dessus à son programme quand elle était dans l'opposition mais elle ne les a jamais mis en œuvre ensuite quand elle est arrivée au pouvoir, parce que cette solidarité avec les prolétaires était contraire aux intérêts de sa propre base sociale. C'est ce cercle vicieux qui a entraîné la défiance des prolétaires à son égard et c'est lui qu'il faut briser.

En prendre conscience et cesser de vouloir raconter aux vrais prolétaires des histoires d'unité du salariat à dormir debout constitue la première étape d'une reconquête par la gauche de l'électorat populaire. Il y a urgence à accélérer cet aggiornamento, parce que sinon Emmanuel Macron et l'aristocratie d'État qu'il incarne risquent de faire exploser la société et le pays.

Table

Composition : In folio

Achevé d'imprimer par Normandie Roto Impression s.a.s
à Lonrai en août 2021
Dépôt légal : septembre 2021
N° impr : 2104334
Imprimé en France